脱力系！

前◎向◎き◎思考法

齋藤 孝

筑摩書房

装丁　寄藤文平＋北谷彩夏（文平銀座）
イラスト　有限会社ムーブ
編集協力　辻由美子

脱力系！ 前向き思考法 目次

第二章　前向き思考になる仕事のやり方

はじめに

「MOTTAINAI！」

環境保護活動でノーベル平和賞を受賞したワンガリ・マータイさんのように、私は、日々心で叫び、声に出しても言っている。

力がないわけではないのに、消極的すぎて実力が出せていない人。緊張して力んでしまって失敗する人。こうしたいかにも「日本的」な性質を目にするたび、「もったいない！」と痛切に感じる。

「もったいない」とは、物の価値を十分に生かしきれていない状態を惜しいと思うことだ。もともとは、「勿体」を否定する語だと言われている。本来あるべき姿がなくなるのを惜しむ気持ちだ。これは、日本人の得意とする所なのに、自分の本来の力が生かしきれていないのに対して無策な人が多いのが残念だ。このもったいない精神から、この本は生まれた。

『論語』述而第七に、孔子は、「申申如《しんしんじょ》たり、夭夭如《ようようじょ》たり」とある。のびやかに、にこやかにくつろいでおられた、ということだ。あのきびしいイメージの孔子も、脱力上手だったのだ。

まずは、背のびをして息を入れかえてみよう。肩甲骨のまわりをほぐして、孔子ののびやかな身体をまねしてみよう。

リラックスしつつ、インパクトでキュッと力を込める。

このコツをぜひつかんで、まずは、自分のエネルギー問題を解決してほしい。そうすれば、きっと自分のまわりの環境も改善されているはずだ。

二〇一〇年六月一〇日

01／17

第一章

前向き思考になる ものの考え方

01

「後悔」はしないで、「反省」する

前向き思考とはエネルギーを漏電させないこと

人間も含めて生命体は、生きようとする前向きなエネルギーを持っている。エネルギーがあるから生きているとも言える。

だから前向きに生きるには、前に向くためのエネルギーを漏電のように消費しないことが基本だと思う。逆に言うと、前向き思考ができない人は、エネルギーをだだ漏れさせているので、前に進めないのだ。

ではなぜエネルギーを浪費しているのかというと、ほとんどは「後悔」と「とり越し苦労」が原因ではないだろうか。この二つをよく分析する必要がある。まず「後悔」である。

世間では、「後悔」と「反省」をごちゃまぜにしている人がいる。これはたいへん

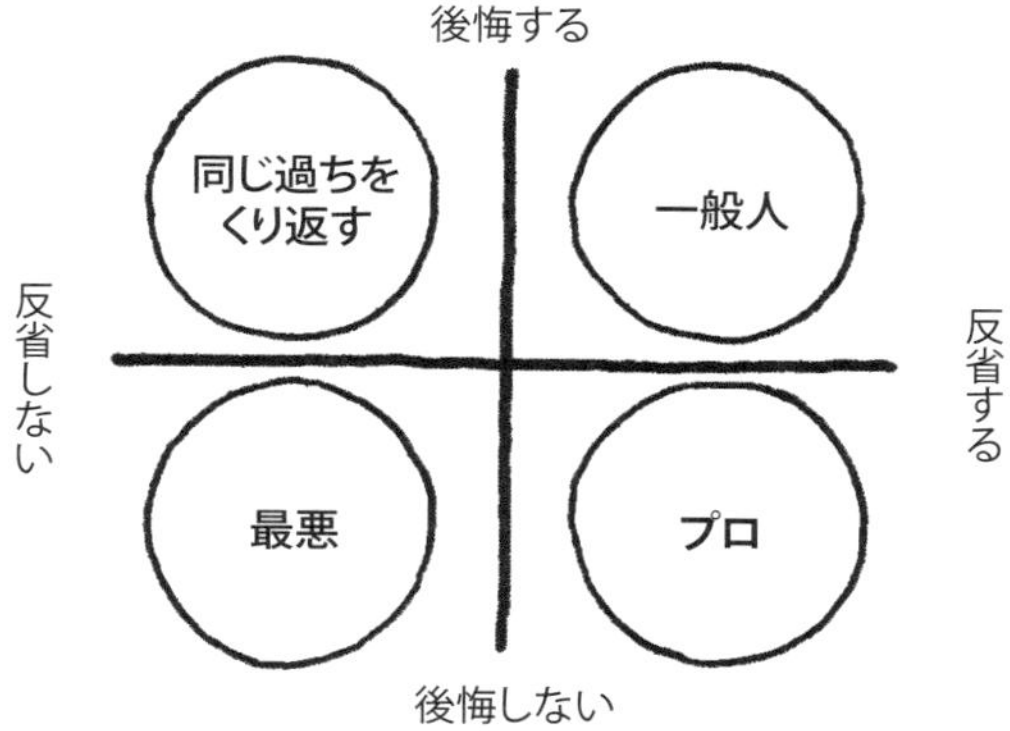

なぜプロはプロたりうるか

危険である。前向き思考で行きたいなら、「後悔」と「反省」はきっちり分けて考えるべきだ。この違いについてはっきりさせよう。

辞書で引くと、「後悔」とはあとになって悔いること、「反省」とは自分の行いをかえりみること、とある（『広辞苑』より）。どう違うのかというと、「後悔」は次につながらず、「反省」は次につながるのである。

わかりやすい例をあげよう。巨人軍の原監督と、甲子園に出場して負けた高校野球の球児を比較したい。

先日、テレビで「原監督質問特集」をやっていた。そこで監督が語っていたのは、

「試合が次から次へとあるので、前を見て進むしかない」ということだった。プロ野球の監督は、ある日の試合に負けても、次の日にはまた大事な勝負が来る。だから反省はするが、後悔している暇はないというのだ。

一方、高校球児の場合、甲子園に出て大事なところでエラーをしてしまったら、もう取り返しがつかない。反省しても次に活かす場所がないから、反省ができない。「一生、あのエラーを後悔している」ということになる。

つまり「後悔」はやったことを悔いるだけだが、「反省」は次に活かすためにする。よくグチャグチャと後悔はするが、反省をせず、同じ過ちを繰り返す人がいる。それは「後悔」だけして「反省」をしないからである。そこを抜け出すためには、「後悔」と「反省」をきっちり分けて、後悔はせず、反省をする癖をつけることが大切だ。

「後悔」をビジュアル化する

その癖をつけるために一番いいのは、後悔している時、エネルギーの猛烈な漏れが生じている図をビジュアル化することだと思う。グチャグチャしている瞬間に、ドーッとエネルギーが失われていく様を想像するのだ。

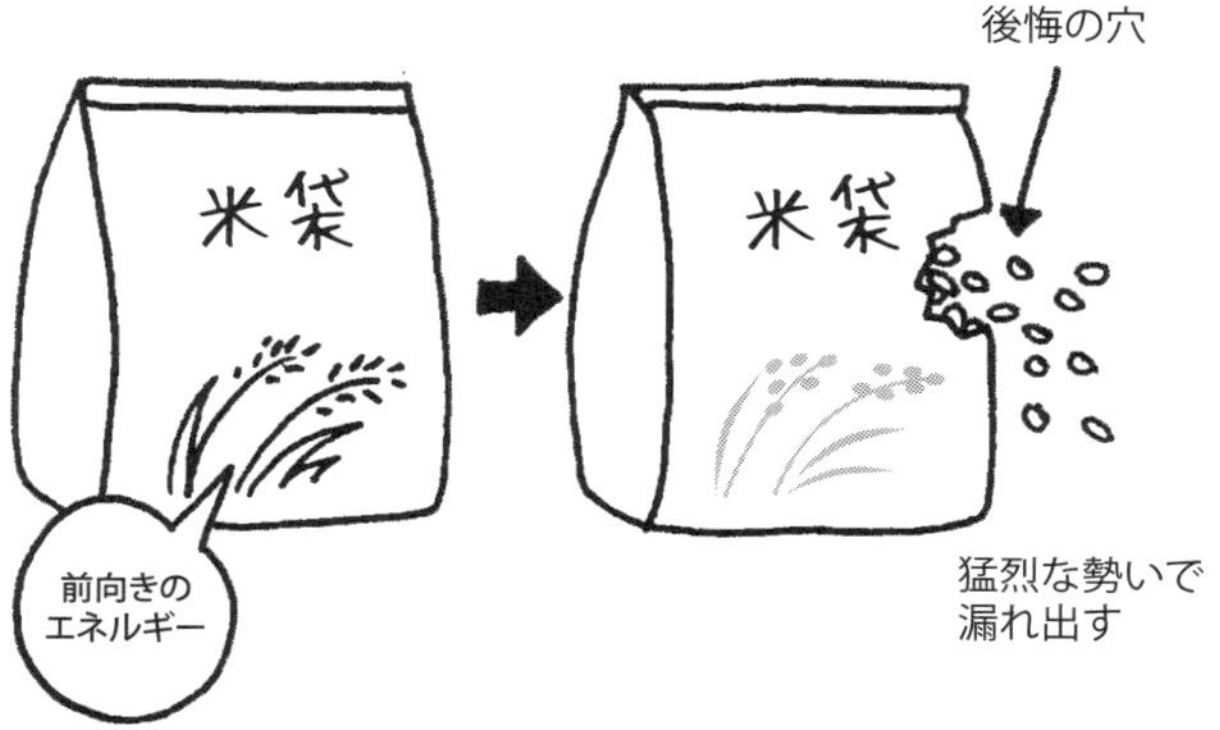

後悔をビジュアル化する

たとえて言えば、穴のあいた米袋から、猛烈な勢いで米粒が落ちていくイメージだろう。米袋から米が落ちたら、誰だってあわてて止めるだろう。それなのに、気持ちのエネルギーはなぜ止めないのだろうか？

考えてみれば、みな気持ちのエネルギーをためることには、一生懸命になっている気がする。エステや温泉に行ってリフレッシュしたり、癒しといわれるものに高いお金を払って、気持ちを整えたりする。

だが、気持ちのエネルギーが漏れるほうに無頓着なのはどうしてなのか。せっかくエネルギーをためても、片一方でジャージャー漏れていては意味がない。

「どうしてあの時、あんなことをしたのだ

ろう？」と後悔しているだけでは、エネルギーは漏れ続ける。そうではなくて、「あの時、あれはどこがいけなかったのか？」「同じ間違いをしないためにはどうしたらいいのか？」と、きちんと分析して、次に活かすことを考えるべきだ。それが「反省」である。世の中でその道のプロと呼ばれる人は、みな反省はできていて、グチャグチャと後悔はしない。

反対に仕事ができない人は、必ず「反省」が足りなくて、同じ失敗をし、「後悔」ばかりしている。習慣化しているそのパターンから抜け出し、反省する癖をつけたい。手帳やノートに原因と対策を書いてみると、後悔は減っていき、自然に反省はできている。「書き出す」ことは、気持ちの整理の王道だ。

02 「シミュレーション」はするが、「とり越し苦労」はしない

不安になったら「それはとり越し苦労」と言い聞かせる

エネルギーを漏電させる二大要因は、「後悔」ともう一つは「とり越し苦労」だ。とり越し苦労がエネルギーを漏らすもう一方の穴になっている。

「とり越し苦労」とは、何かを始める前に苦労を先取りして、疲れてしまうことだ。さきほどの「後悔」が、何かをしたあとでエネルギーを浪費することだとすると、「とり越し苦労」は何かをする前にエネルギーを浪費することである。

「とり越し苦労」と同じように見えるのが、「シミュレーション」だ。しかし「シミュレーション」と「とり越し苦労」は似て非なるものである。

「シミュレーション」は状況を想定して、それを頭の中でたどり、対応を考えることだ。たとえば面接の想定問答集などをやっておくと、本番でも落ちついて答えられる。

「とり越し苦労」が「こんなことが起きたらどうしよう」とむやみに心配することだとすると、「シミュレーション」のほうは「こんなことが起きた時はこうしよう」と想定して、対策を考えることと言える。

つまり、先ほどの「後悔」「反省」の対比と同じだ。起きたことを悔いるだけが「後悔」、次につなげるのが「反省」だとすると、先のことを心配するだけなのが「とり越し苦労」、対策を考えて事前に準備するのが「シミュレーション」である。

世の中には「とり越し苦労ばかりして、想定せず」、つまりシミュレーションをしない人がいる。

そういう人は気ばかり重くて、具体的な練習はしないので、その結果、失敗してますます落ち込んでしまう。そして後悔するから、気持ちのエネルギーは果てしなく漏れてしまう。これでは前向きになろうとしても無理に違いない。

大切なのは「とり越し苦労」をせずに、「シミュレーション」をすることだ。何となく不安になったら「これはとり越し苦労だ。シミュレーションをしよう」と自分に言い聞かせるようにしよう。そして、シミュレーションしてから臨むくせをつけるようにすれば、エネルギーの浪費を防ぐことができる。

03 「考える」＞「気分」の法則

考えるという作業と気分を分けて整理する

前向きになれない、つまり後ろ向き思考になってしまう人は、自分の「気分」に振り回されていることが多い。

「気分」はその日の体調や天気、さらには電車の中で人とぶつかったとか、カフェで店員が感じが悪かったといった、どうでもいいようなささいなことでも影響を受ける。

毎日生活していれば、それこそ自然現象のようにいろいろなことに遭遇し、気分が落ち込んだり、高揚したりする。それにいちいち振り回されていたのではたまったものではない。

しかし気分はすぐに「主人」になって、私たちを支配しようとする。ややもやとした気分が出てくると、それが主人公になって、ややもやした自分こそが自分なのであると錯覚してしまう。

そのように気分を自分の「主人」にしてしまうと、ひじょうに不自由なことになる。気分のいい時はいいが、調子が悪くなってうつ気味になると、それがもう主人になって、自分を支配してしまうからたいへんだ。

そしてひとたび「気分には勝てない」という気持ちの回路をつくってしまうと、切り換えができなくなる。こうなると「前向きに」と思っても、「気分がうつだから無理」となってしまって、気分が前向きな生き方を否定してしまうことになる。

しかも気分というのは、ダメなほうへ、ダメなほうへと流れて行きがちだから、始末が悪い。周囲の状況がちょっと悪いと、気分はそれを上回って悪くなる。特に今のように、時代の空気が閉塞していると、よけいに落ち込んでしまう。

そこでどうしたらいいかだが、私は若いころから意識して、「気分」と「考え」を分けるようにしている。ここで大切なのは考えるという作業を、気分よりも上に置くことである。不等号でいうと、

「考える」＞「気分」

となる。考えることで気分を完全にコントロールしてしまうのだ。

考え方を整理して「気分」をコントロールする

そう言われても、具体的にどうしたらいいかわからないという人もいるだろう。私の場合はこうした。私は若いころ仕事がなく、思うようなポジションにつけなかった。状況が悪すぎて、放っておくと際限なく気分が落ち込んでしまうのだが、その時どうしたかというと、考え方を徹底的に整理したり、シンプルにしたりしていくという方法で、「考える」ことによって気分をコントロールしたのである。

気分とは、言ってみれば大海原のようなものだ。素晴らしく凪いでいる時もあるが、大嵐になって荒れ狂ったり、潮流が変わったり、刻々と変化する。

気分に支配されている状態とは、自分が大海原に浮かぶ船になってしまうことだ。波に翻弄され、どこに流されていくかわからない。しかし海には陸地もある。しっかりと大地に根ざした陸地は安定していて、海がどんなに荒れようと、変化しない。

そもそも考え方というのは構築物のようなものだから、揺らがないように確固たる考えを確立しておけば、陸地のように安定している。

だから自分を大海原に浮かばせるのではなく、陸地に置く。自分自身の軸足は、つ

自分を船ではなく、陸に置く

ねに海ではなく、陸に置き、考え方を確立することを優先するイメージである。

とにかくコロコロと変わる気分をのさばらせてはいけない。「うわあ、どうしよう」とか「あー、ダメだ」とか「くそったれ、死ね」とか、気分の濁流に飲まれそうになったら、ひとまず「冷静に考えろ」「客観的になって考えろ」と言い聞かせてみよう。

「本当にダメなんだろうか」「何がダメなんだろうか」「そのダメは絶対にのりこえられないダメなんだろうか」

あとでも説明するが、外科手術のように、心を分析し、考えてみるのだ。

「身体」を調えて「気分」を直接変えてしまう

それでもダメな時は、もっとてっとり早い方法で、ネガティブな気分を駆逐することもできる。つまり身体の状態を調えるのである。あえて「調」という字を使ったのは、「調身」(身をととのえる)という言葉があるからだ。

本来、気分とは身体の上にあるものだ。身体を変えると気分が変わる。体調が悪いと気分も悪いが、アルコールで体を酔わせると気分もハイになる。だから身体に働きかけて、気分を直接変えてしまうのである。たとえばひたすら泳ぎ続ける。バーベルを持ち上げる。無我の境地になるまで走り続ける。あるいはテニスで汗を流す。すると、爽快な気分になる。少なくとも、運動をやる前のうつうつした気分からは脱している。

こんなふうに、若いころの私は、「考え」と「身体」の両方から攻めて、気分を完全に支配下に置くということをやっていた。そうでもしなければ、あの状況では気分に押しつぶされて、引きこもりになっていたに違いない。

とにかく自分を気分の支配下に置かない。「考え」と「身体」で気分をコントロールするやり方を身につけることが大切だ。繰り返すが、「気分」の奴隷になってしま

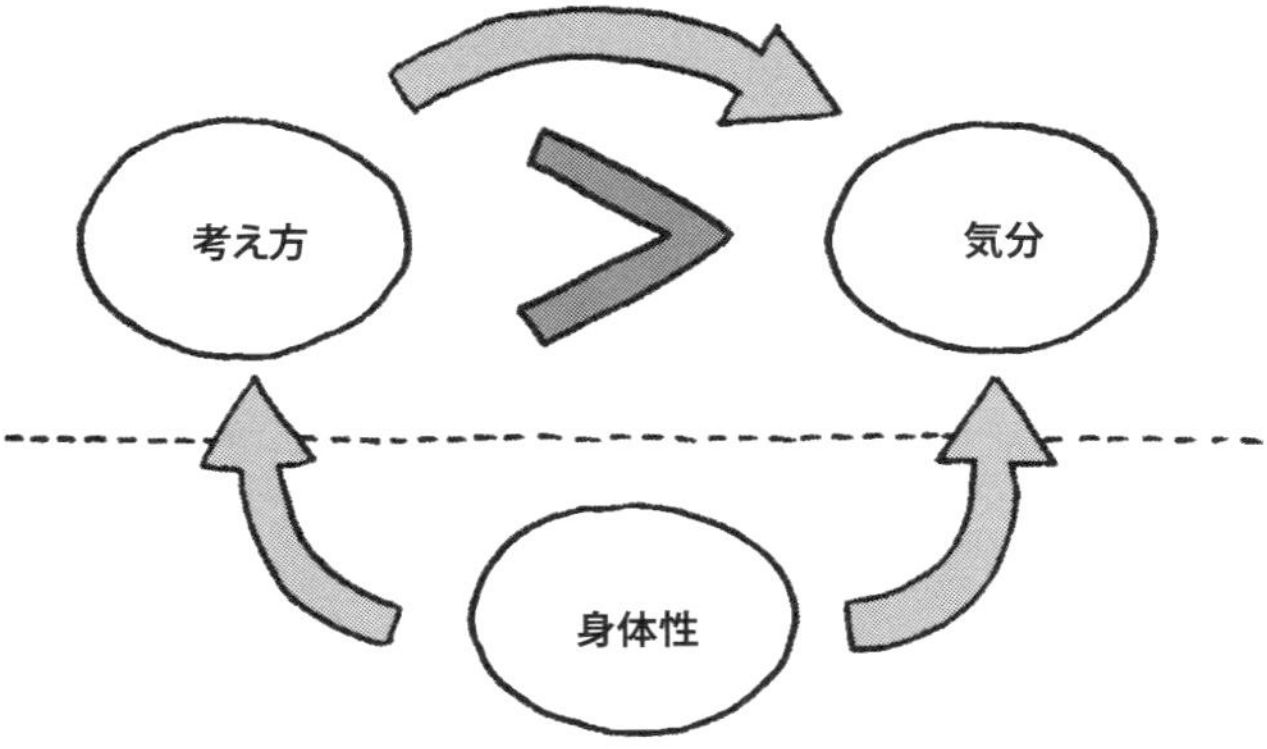

身体と考え方の両方で気分をコントロールする

ってはいけない。「気分」に左右される人は、時代の空気にも簡単に流されてしまう。

日本が高度成長期のように、グングン伸びている時であれば、自分も何となくやる気になる。だが今のようにマイナス成長になり、リストラや給料カットが続くと、自分もネガティブな空気に染まってしまう。

しかしそういう時でも時代の「気分」に流されず、まったく影響されない人がいたとする。たとえば松下幸之助のように「不況の時こそチャンスだ」という人が、チームに一人でもいると、周りが引っ張られていって、空気が変わってくる。

「気分」に流されない人は、周りの「気分」も変えていくのである。

COLUMN

01

「これしか道がない」と思った時の強さ〜筆談ホステス

耳が聞こえない女性がメモ帳とペンでお客と筆談し、銀座でナンバー1ホステスになった。斉藤里恵さんというその女性は自らの体験を『筆談ホステス』（光文社）という本に書いてベストセラーになった。ここで注目したいのは彼女の仕事に対する姿勢である。ふつうなら筆談だけで客商売をするのは不可能と考えるだろう。だが斉藤さんはホステスという仕事の基本に立ち返って考えた。ホステスの基本は少し色っぽい話をしながら、客とコミュニケーションを楽しむことである。男と女の微妙な駆け引きができれば、コミュニケーションの手段は何でもいい。そこで斉藤さんは筆談に特化した。「あれもできない」「これもできない」とできないことをあげていけば、限りなく後ろ向きになる状況だろう。だが彼女は自分にできることに絞り込んで、ひたすら技を磨くことをくり返した。

実際、斉藤さんの筆談はウィットに富んでいる。客から「パンツを見せて」と言われて笑顔でメモ帳にパンツの絵を描く。これで満足する客も多いそうだ。筆談には良さもある。雰囲気で流すことができない分、会話をしっかり受け止めなければならない。コメント力も要求される。その誠実なコミュニケーションは客にとっては新鮮だ。「筆談のメリットを最大限に活かすこと」、それこそが自分の武器だと斉藤さんは言っている。ここで勝負するしかない、と覚悟を決めた時の強さは、おそろしいくらい前向きのパワーに変わる。

04

「心の外科手術」の方法を身につける

心にスパッとメスを入れる

もともと日本人のメンタリティには気分を重んじるところがある。これがやっかいといえばやっかいである。

和歌などはその典型で、日本でこれだけ和歌が高いレベルをきわめたのは「あなたに会えないので、今日は一日、ふさぎこんで過ごしました」などと表現することが、人間らしさの表出であり、文化的水準の高いことだという評価があったからだ。

そのメンタリティゆえ、日本人は、文学的にはひじょうに優れた業績を残すことになった。その一方で、論理的思考や合理性に欠け、情や空気に流されやすい主体性のなさを持ってしまったのである。

いい時はいいが、悪い時はみんなで一気に落ち込んでしまう。国全体がみんなの気

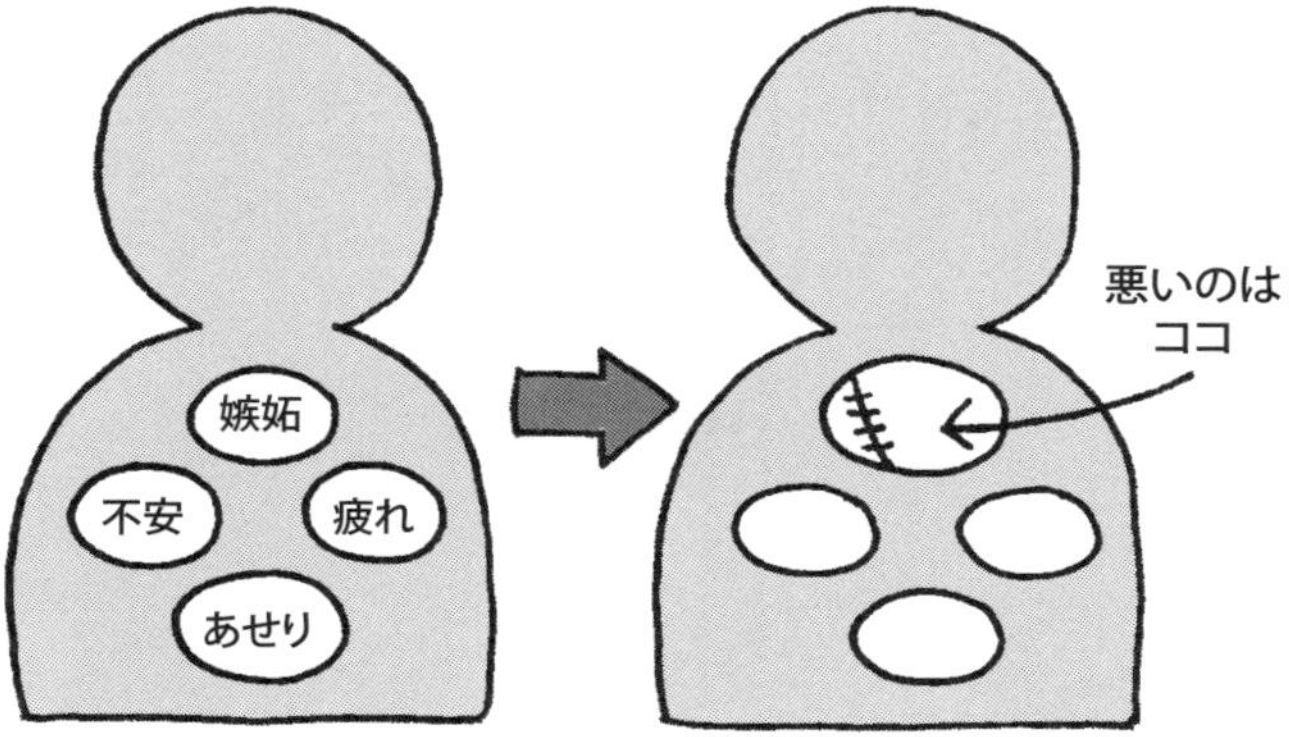

心をメスで切る

分でへこんでしまうのである。そういう時、一緒に落ち込まないようにするには、「心の外科手術」の方法を身につけることが大事だ。気分がウーッと落ち込んだ時、そのままにしないで、外科医のように心をメスでスパスパと切っていくのである。

外科手術がない時代は、外から体を見て、「何となくこのへんが悪いですね」と感覚でやっていた。ところが体を開いて見られるようになると「ああ、悪いところはここだったんですね」ということが一目でわかり、ピンポイントで原因除去ができるようになった。

実際、外から見ていたのと、開いてみたのでは、まったく違うことがよくあるそうだ。本当は心臓が悪いのに、肩が痛いと勘違いしていたり、脳でさえも信用できず、いろいろ勘違いするという。

でも外科手術のように自分の心にサッとメスを入れてみると、何が原因かがわかる。「このもやもやする感じは何か」「あいつに対する嫉妬だ」「なぜ嫉妬するのか」「あいつが先に係長になったからだ」「係長になるのが人生のゴールか」「そんなことはない」「お前が求めているのは何か」「人生の幸福だ」「それは係長になることか」「そんなことはない」……

こんなふうに、心をどんどん分析していって、悪いものを取り出し、また縫い合わせると、再生して元気になる。

まさに外科手術のイメージである。もやもやした気分や不定愁訴にさいなまれている間に、さっさと外科手術をしてしまったほうが早いという考え方を身につけることが大事だ。

「フォーカシング」という心理療法では、自分の中の「もやもや感」や「引っかかり感」を探っていき、それを手がかりにして「気づき」を得るというやり方で、心を楽にしていく。気持ちのひっかかりの正体がわかれば、もうどろ沼は脱出している。

05 グルグル回りをやめて、スパッと最終地点に行く

目的地につかないタクシーに乗ったらどう思う?

日本人の話はだいたい前置きが長い。スパッと最終地点に行くのを遠慮する傾向がある。いきなり本質に迫りにくい心の習慣があるのだ。それが日本人の奥ゆかしさという長所であり、人間関係を円滑にする知恵でもある。

だが自分が抱えている問題や悩み事に対しても、同様にそのやり方をとっているとひじょうにまずいことになる。グルグルと堂々めぐりをしていても、問題はいつまでたっても解決しないからだ。

さきほどの「心の外科手術」の項目でもふれたが、やはり「本質は何か」をつきつめなければいけない。そうしなければ問題は解決しないので、いつまでたっても同じ悩みが続くことになる。だから堂々めぐりをしている人は、その状態を図に描いてみ

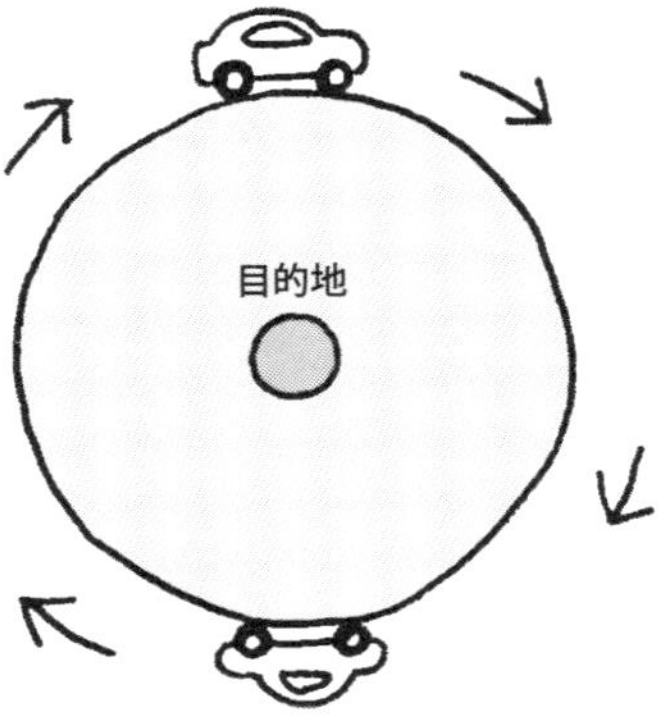

目的地の周辺をグルグル回るタクシーは頭に来る

るだけでも、抜け出すきっかけがつかめるだろう。

問題が中心にあるとして、自分はその回りをグルグル回っている。そういうものをイメージしただけでも、自分が無駄に円周を回っていて、問題の中に入り込めていないという感覚が持てるので、相当な進歩になる。

もし自分がタクシーに乗っていて、目的地に行きたいのに、いつまでたっても周辺をグルグル回っていたら、頭に来るだろう。自分に対して同じことをしているのだ、ということを自覚するのだ。

06 「身も蓋もない言い方」を身につける

タイトルが命題にならないものはダメ

問題の本質に入る癖をつけておくことが大切だから、そのためにグルグル回りしている絵を描くようにおすすめした。それでもなかなか本質に切り込めない人は「身も蓋もない言い方」を身につけることから始めるといい。

もともと私たち日本人ははっきりものを言わずに、それとなくほのめかすことをマナーとしてきた。だがこのさい、そんな文化は忘れよう。少なくとも自分自身に対しては、そのようなマナーは必要ない。そうしないと、いつまでも問題の本質に迫らず、ウネウネと遠回しにその周辺を回ることが癖になってしまう。

そもそもマナーとは手続きである。手続きが多いほど、文化的だと思われている。ノルベルト・エリアスが『文明化の過程』〈上〉〈下〉法政大学出版局・二〇〇四年）で明らかにしたように、文明化とはマナーの歴史でもある。

たとえば出された肉にいきなり食らいつくのは、野蛮な感じがする。いろいろな食器があって、料理が出る順番があって、食べ方があるというように、手続きが多くなるほど、文化的な洗練度が高いと思われている。

だが、こと自分自身に対しては、面倒なマナーや手続きはできるだけ無視して、いきなり肉にかぶりつく心の回路をつくっておいたほうがいい。そのほうが問題の解決が早いし、よけいなことに迷わなくてすむ。

そのために「身も蓋もない言い方」が必要になってくる。ではどうやって「身も蓋もない言い方」を身につけるかだが、私が大学で学生にやらせているのは、毎週エッセイを書かせて、お互い読みあってコメントをつけていくという作業である。

その時エッセイのタイトルがきちんと命題になっていないものは、初めからボツにしてしまう。タイトルがボンヤリしているのは、本質がつかみきれておらず、ウネウネ考えている証拠だからだ。ましてや、何かよくわからない感想やブログ的なものを書いてきてもいっさい受け付けない。自分なりに行き着いた、「何々は何々である」という仮説や洞察をタイトルにして書いたものだけを対象とする。

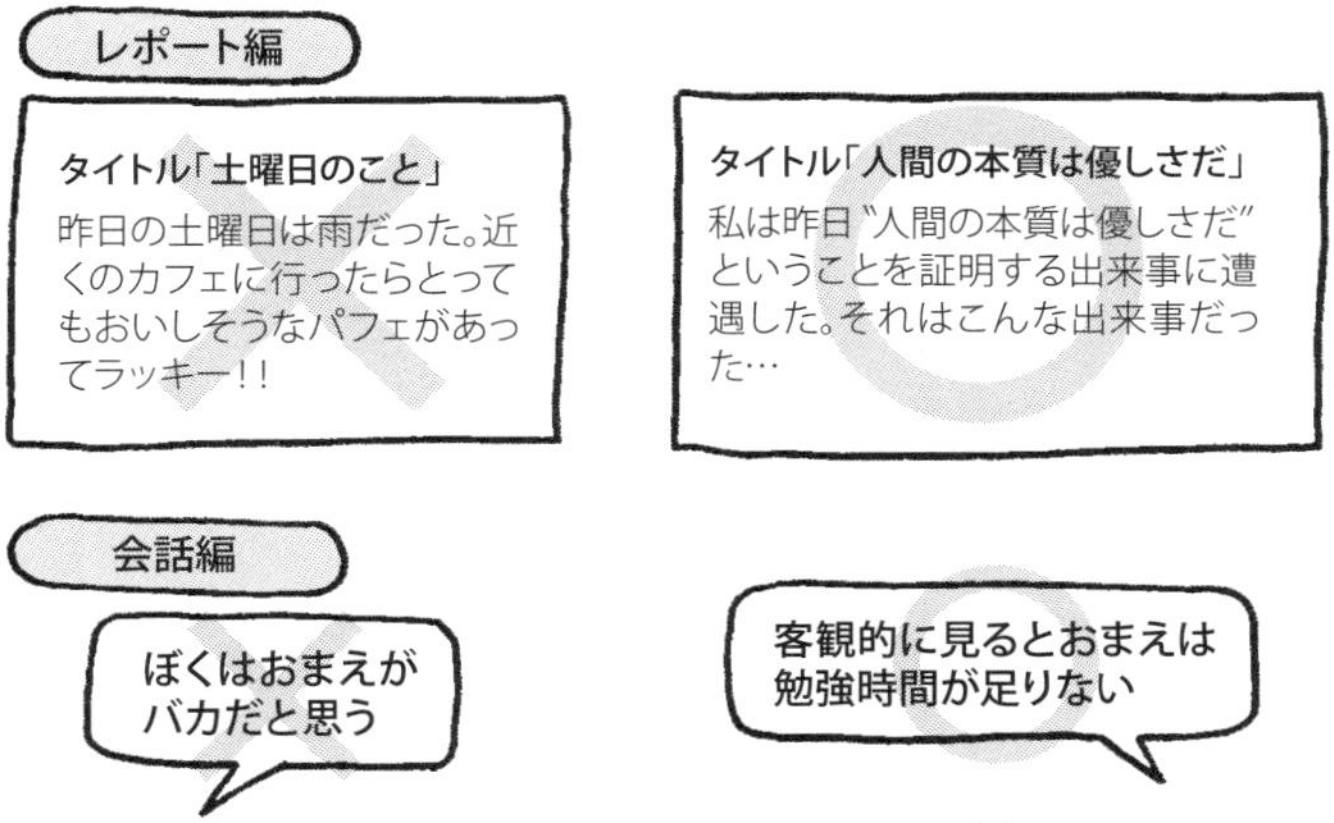
レポート編
タイトル「土曜日のこと」
昨日の土曜日は雨だった。近くのカフェに行ったらとってもおいしそうなパフェがあってラッキー!!
タイトル「人間の本質は優しさだ」
私は昨日"人間の本質は優しさだ"ということを証明する出来事に遭遇した。それはこんな出来事だった…
会話編
ぼくはおまえがバカだと思う
客観的に見るとおまえは勉強時間が足りない

スパッと本質をつかまえることが大切

「これはこうだ」というタイトルが決まれば、「結局、何なの?」と聞かれた時に、スパッと答えられる。つまり本質をつかまえていることになる。

客観的な指摘ならケンカになりにくい

私たちがふだん練習するとしたら、日記や記録をつける時、まずタイトルをつけて書く練習をするといいと思う。報告書やレポートをまとめる時も同様だ。

一番大事なことは何かを取り出して、タイトルにする癖をつけておくと、「身も蓋もない言い方、もののつかみ方」の訓練になる。

あるいは仲のいい友だちとの間で「身も

蓋もなく言い合う」練習をするのも効果的だ。物事の本質をつく練習をお互いにするのである。そういう友だちがいると「身も蓋もない言い方」でしかつかめないものがつかめるので、双方ともに成長につながる。

もっとも友だちといえども、他人だからあまりにズケズケ言われると腹が立つ。そういう時は「私がそう思う」のではなく、「客観的に見てこうである」という言い方をするといいだろう。

たとえば友だちの試験の結果が悪かったとする。「それはお前がバカだったからじゃん」と言うと、ケンカになる。そうではなくて、「客観的に見ると、勉強時間が足りなかったんじゃないか？　前はもっと点が取れていたから、頭が悪いわけじゃないし、そうなるとやはり勉強時間が少なかった点に問題がある」と言えばいい。

本質をズバリとつく身も蓋もない言い方をしても、客観的な指摘なら相手も前向きに聞いてみようという気になる。感情をいれず、客観的に、身も蓋もない言い方をすることを意識して心がける。

そうすれば、より的確に本質に近づくことができるようになる。

07 状況を変えるより、自分を変えるほうが早い

気分は一日のうちで盛り上がったり、盛り下がったりする

状況が悪いと、気分も落ち込む。気分が落ち込めば、状況も悪くなる。そしてさらに気分が落ち込み、さらに状況が悪化するという後ろ向きのスパイラルにおちいってしまう。

気分が後ろ向きの時は、人生まで後ろ向きになってしまうものだ。そういう時、状況をすぐに変えるのが難しかったら、自分のほうを変えてしまうという方法もある。

なぜなら人生とはつねに、

①「状況を変えるか」

②「自分を変えるか」

の闘いだからである。もちろん状況を変えることができるのなら、果敢に挑戦すべ

きである。しかしすぐに状況を変えられないことはたくさんある。今すぐに収入を増やすことはできないだろうし、上司を取り替えることもできない。

だからといって、「ああ、もういやだ！」という気分に左右されて、会社をやめてしまうのだとしたら、あまりいい人生は期待できそうにない。

上司はそのうち替わる可能性があるし、給料だって上がるかもしれない。もし会社のことが嫌いでないなら、自分の気分を変えて、状況が変わるのを待つほうが賢明だ。状況を変えるより、自分を変えるほうが早いのである。

だから状況が悪くて、気分が落ち込んでいる時は、意識して自分の気分と距離を置くようにしたほうがいい。

たとえば、こう考えたらどうだろう。

気分は一日のうちで盛り上がったり、盛り下がったりするものだ。私を例にとると、朝起きた時は最悪の気分で、何もかも面倒くさい。

だが、時間がたつにつれてだんだん盛り上がってきて、授業をやるとさらに盛り上がり、授業が終わったあとは絶好調である。

そして夜までその好調は続き、朝になると、またドヨーンを繰り返す。

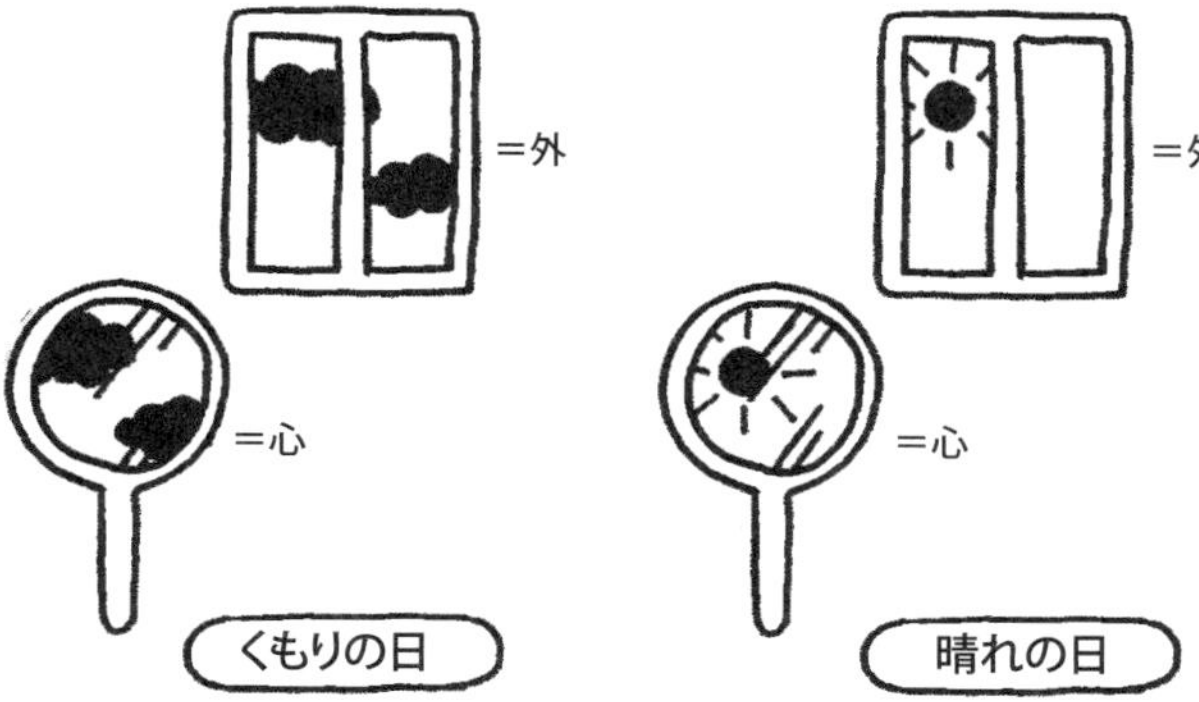

気分は外の景色が映る鏡

要するにバイオリズムのようなもので、そのことに大した意味はない。状況は変わらないのに、わけもなく、面倒くさくなったり、うつになったりするのが気分である。しかし、その気分も過ぎ去っていく。

曇っている時だけを拡大して考えていないか？

気分はちょうど外の風景が映る鏡のようなものである。雲が来て、去っていく。それだけのことだ。雲が来た時にジタバタしすぎるのがよくない。

自然現象で曇ることもある。でも雲はまた動く。もし暗雲がたれこめたまま、一週間、一カ月、一年間動かないとすれば、それはちょっと危険だから、医師の診察を受けたほうがいい。

だが、雲はやがて動く。それなのに、人は雲がかかった時だけを拡大して考えてしまいがちだ。「今日は一日中曇っていた」と思っても、本当に一日中曇っていたのか、よく思い出してみてほしい。曇りを忘れていた時間もあるはずだ。

そういえば食事をしていた時はいやな気分を忘れていたとか、友だちと話している時には、楽しかったとか。そのように考えると、雲はやがて通りすぎるものである。状況が悪くて落ち込んだり、いやな気分に支配されたりしそうになったら、たまたま今は雲がかかっているだけと考えればいいだろう。この雲はいつかは晴れる。晴れない雲はない。

そう思って、自分を変えよう。そしていやな気分でいる時間をできるだけ少なくしていくのだ。自分が変われば、状況も変わる。

そのほうが、自分を変えずに状況を変えようとするより、ずっと早くて簡単である。

08 「川岸で物事を眺める目」を技化する

大気圏外から「気分」を眺めるのが悟り

今まで生きてきた中には、嫌な日々もあった。恵まれない時もあった。だが、やまない雨はない。明けない夜はない。すべては移りゆくものだ。

『平家物語』の冒頭を覚えている人も多いだろう。「祇園精舎の鐘の声、諸行無常の響きあり」。

これは暗い気持ちになれ、という意味ではない。この場合の「無常」とは情けがないという意味ではなく、常ならずということだ。

『方丈記』の冒頭でも「行く川の流れは絶えずして、しかも元の水にあらず」と言っている。あれも無常観を述べている。

物事はすべて「常ならず」変転していく。それを川の流れにたとえると、川の中で溺れてしまうのではなく、岸で眺めている気分になればいいのだ。そうすれば、一時の気分に支配されることはなくなる。

川や海など、動いている水を見るのは、心の安定にひじょうに効果的なことがある。私は川の近くで育ったので、しょっちゅう川原に犬の散歩に行った。犬を遊ばせながら、自分は川原に座って石を投げたり、川面を見つめたりしていると、とても心が落ちついたものだ。

これを突きつめていったものが悟りである。悟った人は、気分の上下が極端に少なくなる。そうすれば、気分に支配されることはなくなる。

悟りの境地まで達するのはたいへんだとしても、イメージとして描くことはできる。移りゆくすべてを俯瞰して眺める視点を持つことだ。たとえばこの地球で、何十億もの感情が渦巻いているとして、その感情から少し離れて、大気圏外から地球を眺めている感じだ。

世阿弥の言う「離見の見」である。役者として演じている自分は確かにいるが、それを観客の側から見ている自分もいる。すると冷静になれる。

要するに自分の「気分」を少し離れたところから見るのだ。「気分」と自分を引き

08 「川岸で物事を眺める目」を技化する

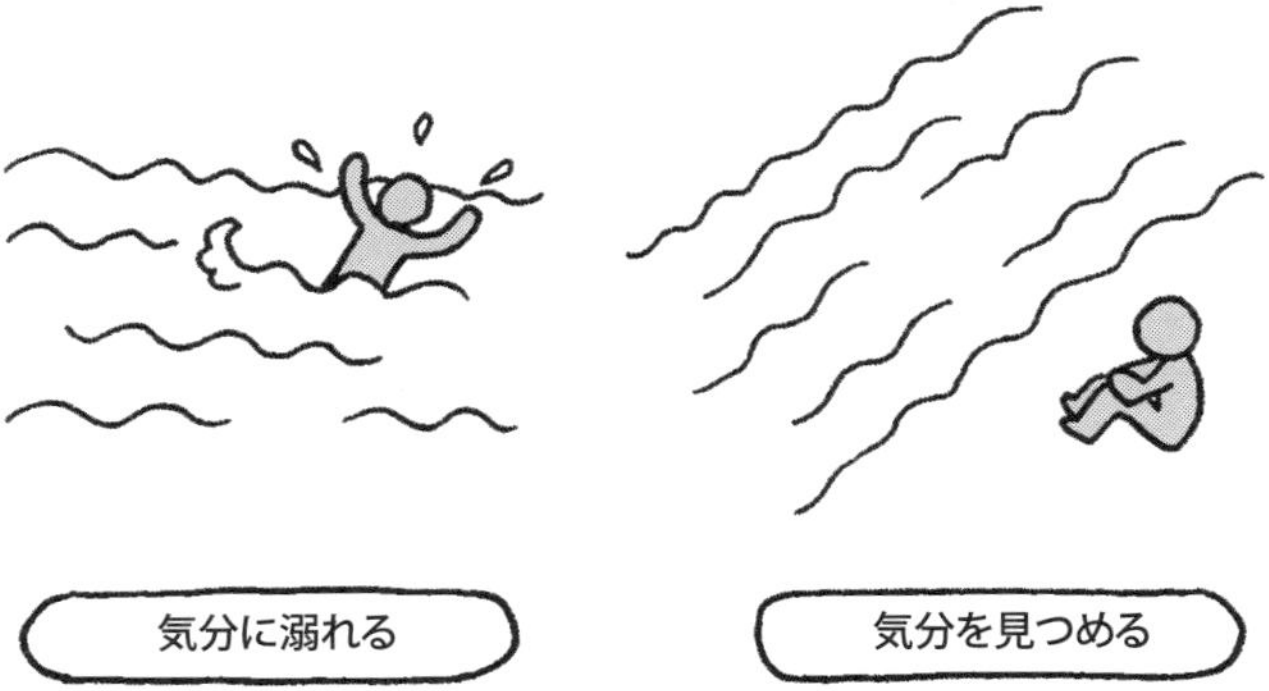

川を眺めるポジションを技化する

離して、川岸から眺めるように客観的に気分を眺めてみる。

そうすれば「気分」をそれほどたいそうなものとは考えないようになる。雲がかかっても、やがて太陽が顔を出す。夜になっても太陽がなくなったわけではない。

だからいやな気分に落ち込んでも、これは一時的なものだと言い聞かせ、「気分」という川に溺れず、いったん川の中から出てしまおう。そして、川原に腰をおろして流れを眺めるような感覚を技化《わざか》してしまうことが大事だ。

09

今まで生きてきたように、明日からも生きていく

ルーチンを続けると心は安定する

落ち込んだ時に、一番危険なのは、今まで続いてきた時間や習慣の流れを突然、中断させてしまうことである。その最たるものが自殺だ。自殺がすべて後ろ向きかどうかはわからないが、基本的に前には進めないから、死んでしまうことになる。

そうならないためには、今日やったように自然に明日もやってしまう、つまり気分より前に「朝起きたら、こうして、こうして、こうしてしまう」という習慣をルーチン（決まったやり方、日課）として持つといい。

ルーチンがあれば、とりあえず心は安定する。

人間は、寿命が来るまでは生きることになっている。死ぬまでは生きる。それが大前提だ。だから、自分のルーチンや繰り返しの作業をできるだけ増やしていって、考

えなくても、それをやりながら生きていくという方法もある。その習慣ができていると、落ち込んでもやりすごせる。

昨日まで生きてきたのなら、またそのようにして今日も明日も生きればいい。

今まで生きてきたように、明日からも生きていく。この当たり前のくり返しを基本にしていけば、とりあえず最悪の状態になっても、足を引っ張られて、突然バッタリ倒れることは防げると思う。

ちなみにメジャーリーガーのイチローが、なぜいつも同じものを食べ、同じバット、同じフォームで打つのかというと、物事を変えないことによって、言いわけがきかなくなるので、迷いがなくなるからだという。

たとえばバットを換えたとすると、「このバットがいけないから、打てないのではないか」という言いわけができてしまう。あるいはフォームを変えると「フォームが悪いから、打てないのだ」ということになって、いろいろなもののせいにしたくなる。

要素を変えなければ、自分の何を変えればいいかがわかる

外に原因を求め始めると、際限がなくなる。たしかに「あの上司が替わってくれたら、もっと能力が発揮できるのに」「この環境でなければ、成績があげられる」という考え方は一理ある。

だが、それは「バットを換えたら」というのと同じで、バットを換えれば打てるようになるかもしれないが、また打てなくなるとバットのせいにして、次々と換えていって、迷い続けることになる。

はてしなく迷って、最後は袋小路につきあたってしまうかもしれない。

しかし要素をまったく変えないようにすると、問題は自分にあることがわかるので、解決もその一点に集中すればいい。解決が早くなる。

イチローは外に原因を求める可能性を極力排除していくことによって、自分の何を変えればいいのか、追求していく姿勢をとっている。

先に示したように「状況を変えるより、自分を変えたほうが早い」のである。外的要素を変えないことによって、自分の中の何が違っているのか、徹底的に追求することができる。昨日と同じ今日のくり返しの中で、自分の中の変化を追求し、自分を変えて、突破口を見いだす。それが競争が厳しいメジャーリーグで、イチローが安定した成績を維持し続けている要因である。

10 人生は勝ち負けではない。いい勝負をすることが大事

生き物は「負けない」ことで生きている

プロの麻雀士で桜井章一さんという方がいる。彼が『負けない技術』（講談社プラスアルファ新書）という本の中で面白いことをおっしゃっていた。

人間は過剰に勝とうとするから、力みが生まれておかしなことになっていく。本来、生き物は「勝つ」ではなく「負けない」ということで生きている、というのである。

たしかに「負けない」という感覚と「勝とう」とする感覚はまったく違う。生きるためには「負けない」よう、一つ一つ誠実に最善の手をうっていけばいい。相手に打ち勝って、踏みつぶすのとは異なるエネルギーの使い方である。

人生の成功は勝ち負けではない。結果として、勝ったり負けたりしたとしても、そのことと幸せな人生を生きることや、達成感を得ることとは必ずしもイコールではな

い。いい勝負をして、満足することが大事だと思う。

「勝とう」とするのが前向きではなく、「いい勝負をしよう」とするほうが前向きだ。つまりいい勝負をして、自分の力を発揮できる状態にしておけば、結果として負けたとしても、勝敗とは無関係に次へと進んでいける。

勝って燃え尽きてしまうのとは、対照的だ。

オリンピックなど厳しい勝負の世界に生きているスポーツ選手たちは、ミスをおかさない、つまり「負けない」ために徹底して練習をくり返す。

体操の内村航平選手は、二〇〇八年北京オリンピックの鞍馬演技で二度も鞍馬からおりてしまった。それでも個人総合で銀メダルを取ったのだが、本人は納得していなかった。そして苦手の鞍馬を克服するために、徹底した練習を積んだという。

その結果、二〇〇九年の体操世界選手権でノーミスで演技し、みごと優勝した。ミスをどれだけ少なくするか、リカバリーできるかという視点で練習してきた成果である。本人としては自分の弱点を克服し、いい勝負ができたことのほうが、優勝したということより喜びは大きかったのではないだろうか。

10 人生は勝ち負けではない。いい勝負をすることが大事

競争するより、リスペクトしたほうが楽

もしどうしても他人との勝ち負けにこだわり、勝ちたいという気持ちから自由になれない人は、一度「自分」という自己中心的意識を離れて、尊敬できる他人に心を寄り添わせてみたらどうだろうか。

そのほうが人と競争しようとするより、ずっと気持ちが楽になる。

たとえば画家の梅原龍三郎がルノアールを意識しながらも、それを乗り越え、独自の世界を切り開いていく過程を知ると、「ああ、この人はこういうところでいい勝負をしようとがんばったんだな」とわかり、いい形で肩の力が抜けてくる。

モーツァルトも生前は必ずしも十分な評価を受けていたわけではないが、それでも素晴らしい音楽をつくろうと持てる力をつくした。

そういう人たちの気持ちに自分を寄り添わせると、必ずしも人に勝たなくても、心は前向きになってくる。尊敬というと、言葉が少し重すぎる。リスペクトなら気分的にも受け入れやすい。リスペクト意識は、肩の力を抜いて前向きな気分にしてくれる。

人生においていい勝負をしたリスペクトできる人を見つけてしまったほうが、勝つことにエネルギーを使うより、ずっと前向きになれる。

11

攻めの気持ちでリラックスする

「守ろう」とすると硬くなる

勝負に臨む時は、「勝とう」ではなく「負けない」という気持ちでいることが大事である。だが、それは守りに入ることとは違う。「守ろう、守ろう」とすると、どうしても気持ちが逃げてしまうので、後ろ向きになる。

そうではなく、守る時も「攻める」気持ちで臨むのである。

人は守りに入って、攻められていると思うと、硬くなって疲れてしまう。本当は守っているのだが、気持ちは攻めるのだと思ってディフェンスしていると、リラックスできる。

たとえば自分の仕事や勉強で苦手なものがあるとする。スポーツでいうと自分の弱点に相当する。そこを敵に攻められると弱いので、弱点は隠して（つまり守りに入って)、つい自分の強いところで勝負しようとする。

すると弱点を攻められて、あっという間にやられてしまう。

私は学生のころ、化学が嫌いだったので、長くそこから目を背けて自分が得意な科目ばかり勉強していた時期があった。化学は最低限の点数でいいから、ほかの科目で点を稼ごうとしたのである。

その結果、大学受験に失敗するという悲惨な目にあってしまった。それからは嫌いな化学に対して攻めの気持ちで、徹底的に勉強することにした。

ある一カ月間を化学月間と決め、問題集を二冊やりきり、さらに同じ問題集を二回くり返して念入りにやった。

すると驚くべきことに、化学がもっとも得意な科目になってしまった。「そんなことがこの世にあるのか」と自分でびっくりするほどだった。

苦手をカバーしたほうが伸び率がいい

つまり苦手なものや弱点に対して攻める気持ちで、集中的にエネルギーを投下すると、驚くほど伸び率がいいのである。

得意なものは放っておいても、ある程度伸びていくが、苦手なところをカバーすると、異常な伸び率を示す。

テストの点数でいうと、三五点や四〇点しかとれない人が六〇点とれるようになるのはものすごく簡単だが、九〇点の人が九五点をとろうとするのはひじょうに大変である。苦手なものほど、伸び率がよく、コストパフォーマンスがいいのである。

得意なものはそれ以上あまり伸びないが、苦手なものを攻めていくと、ひじょうに伸びる。

そして伸びていくと心に余裕ができてくるので、リラックスしてほかのものもうまくいくようになる。

まさに相乗効果が生まれる。鞍馬が苦手だった内村選手が、鞍馬を徹底的に練習して、世界選手権で優勝したように、苦手を攻めることで、すべてがうまく回っていくのである。

12 衰えてもかまわない、と考える

リアルな世界は「べき乗則」で動く

後ろ向き思考になる大きな要因の一つに、加齢がある。誰でも年をとるのはいやだし、死が近づいてくると憂うつになる。中高年になると、うつが増えるのは当然のことだと思う。

私も若い時は、自分が肉体的に衰えていくことなど、想像もできなかった。高校生の時など、風邪は、髪をシャンプーしてドライヤーでバーッと乾かせば治る、と信じていたくらいだ。

実際、シャンプーしてメロンを食べると、うそのように調子がよくなった。

ところが年をとってくると、そういうわけにはいかない。いったん風邪をひこうものなら、なかなか治らない。しかも衰えは年齢に正比例してやってくるのではなく、ある時一気に押し寄せてくる。

マーク・ブキャナンが書いた『歴史は「べき乗則」で動く』(ハヤカワ文庫・早川書房)という本は、人間の老いを考える上でもたいへん参考になった。

べき乗とは累乗のことだ。

土砂くずれを例にとると、最初は小さな石が何個かコロコロと落ちてくる程度である。そのうち石の数が増えてきて、一気にダーッと山が動くように地滑りが起こる。ものごとは正比例で変化するのではないのだ。動くときは加速度的に動き出して止まらない。

老いも同じで、最初は白髪が一、二本見つかる。「ああ、ついに白髪ができちゃったよ」と言いながら、数えていく。

少しずつ増えていって、そのたびに五本、一〇本と数えていくのだが、ある時突然増え方が急になって一〇〇本くらいになってしまうと、愕然として数える気もしなくなる。

こんなふうに、いつかはどこかであきらめなければならない地点が来る。

これがもし正比例で、年に一本ずつ白髪が増えていくのなら予測がつくので、心の準備もできよう。

だが世界がみな累乗で動いていくとすると、ある時突然加速して老いがやってくるわけだから、それがリアルだとわかった時のショックは大きい。

衰える速度をゆるやかにする

私は血管に動脈硬化の傾向があった時、医師に「これは治るんですか？」と聞いたことがある。医師は「血管の内側についているコレステロールはもう取れません。だからよくはなりませんね」と断言した。

でも、コレステロールがつく速度を遅くすることはできるという。つまりべき乗則で進む曲線をできるだけゆるやかにしていくことはできる。

$y=x^2$ の曲線を、$y=\frac{1}{2}x^2$ や $\frac{1}{4}x^2$ にしていくのだ。そうすれば、曲線は少しゆるやかになっていく。

医師もこう言っていた。「年齢とともに血管がつまっていくものです。それは止められません。でも動脈硬化の進行をゆるやかにすることはできます」

進行をストップさせようとするから、落ち込んだり、悩んだりするのだ。でもどん

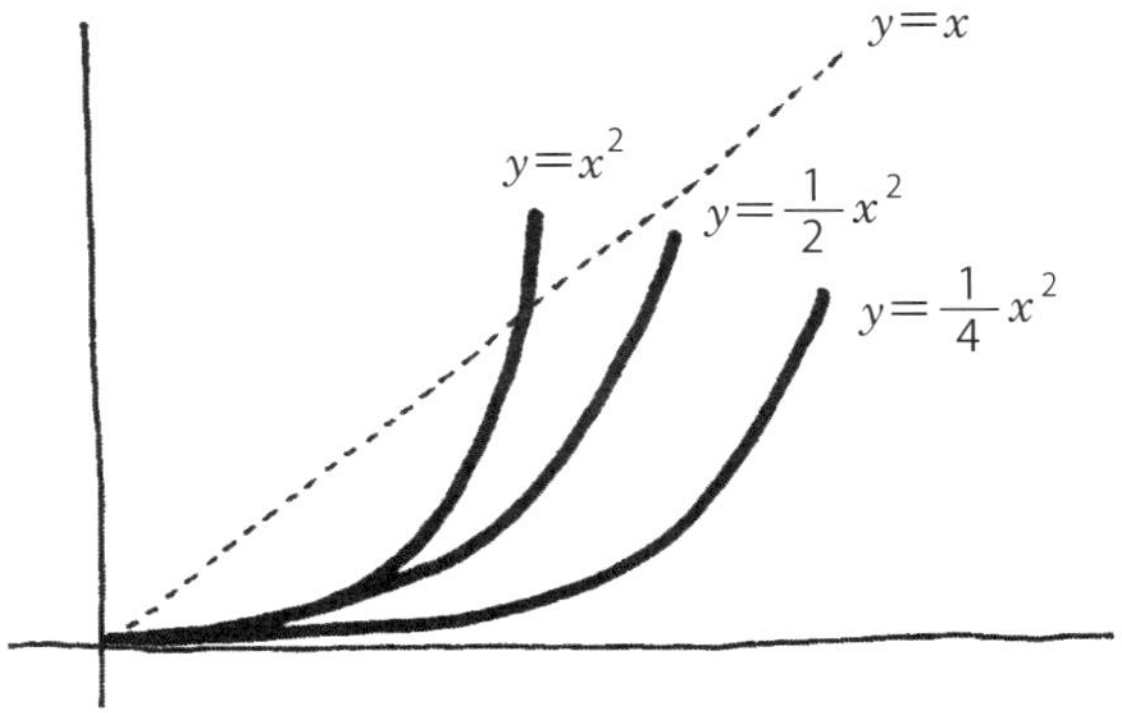

べき乗則で進む現実の進行をゆっくりする

どん悪くなるものだといったん開き直り、その速度をゆるやかにすればいいと思えば、気持ちは楽になる。私もいったん開き直ったら、不思議と前向きになれた。

人はどんなにがんばっても、老いを止めることはできない。だから衰えてもかまわない、と考えることが大事だ。その上で衰える速度を遅くすればいい。

老子や荘子を読んで、老荘思想になじむと、年齢を重ねることがネガティブに思えなくなる。

そんなふうに、リアルな現実を受け入れる柔らかい心を持つことが大事だ。現実を受け入れるその柔らかさが、前向き思考につながっていく。

13 「恥をかきたくない」というルビコン川を渡ってしまおう

石橋を叩きすぎると渡れない

南極観測隊の隊長だった西堀栄三郎さんという方が書いた『石橋を叩けば渡れない』(生産性出版)という本には、南極へ行くためのさまざまなことが書かれている。

やはり南極まで行くとなると、準備もたいへんだし、想定されるトラブルもたくさんある。

しかしあまりに石橋を叩きすぎると前に進めないので、とにかく前に進んでから、何かトラブルが起きたら対処すればいいという話である。

私はかなり前にその本を読んで、ひじょうに勇気づけられたことがある。

たしかに石橋を叩きすぎると渡れなくなる。日本人は石橋を叩く傾向があるが、そもそも橋が石でできているなら叩かなくてもいいのだ。万一落ちても、深い川でなければ心配ない。

というより落ちてもたいした川ではないのに、あまりに慎重になりすぎてはいないだろうか。深さ三〇センチくらいの小川を渡るのに、大騒ぎしているようなものだ。

リスクの計算がしっかりできていないからだろう。もし橋から落ちた時、その影響がどこまで波及するのか、影響する範囲を過剰に考えてしまうのだ。

大学で学生を教えていても、それを感じる。私のゼミでは私が何か質問した時に、学生から三秒以内に反応がないと、もうその話は流してしまうことにしている。

厳しいようだが、社会に出れば当たり前のことだ。三秒以内に反応できないために、仕事やチャンスを逃している人はたくさんいる。

忙しい人は五秒と待っていられないから、学生には、社会に出た時チャンスを逃さないための訓練をしている。

あとになればなるほどリスクは大きくなる

学生たちがなぜ三秒でスパッと言えないのかというと、リスク計算を過剰に考えてしまうからだろう。質問されて、最初に自分が答えたとする。それが的外れだったら、

13 「恥をかきたくない」という ルビコン川を渡ってしまおう

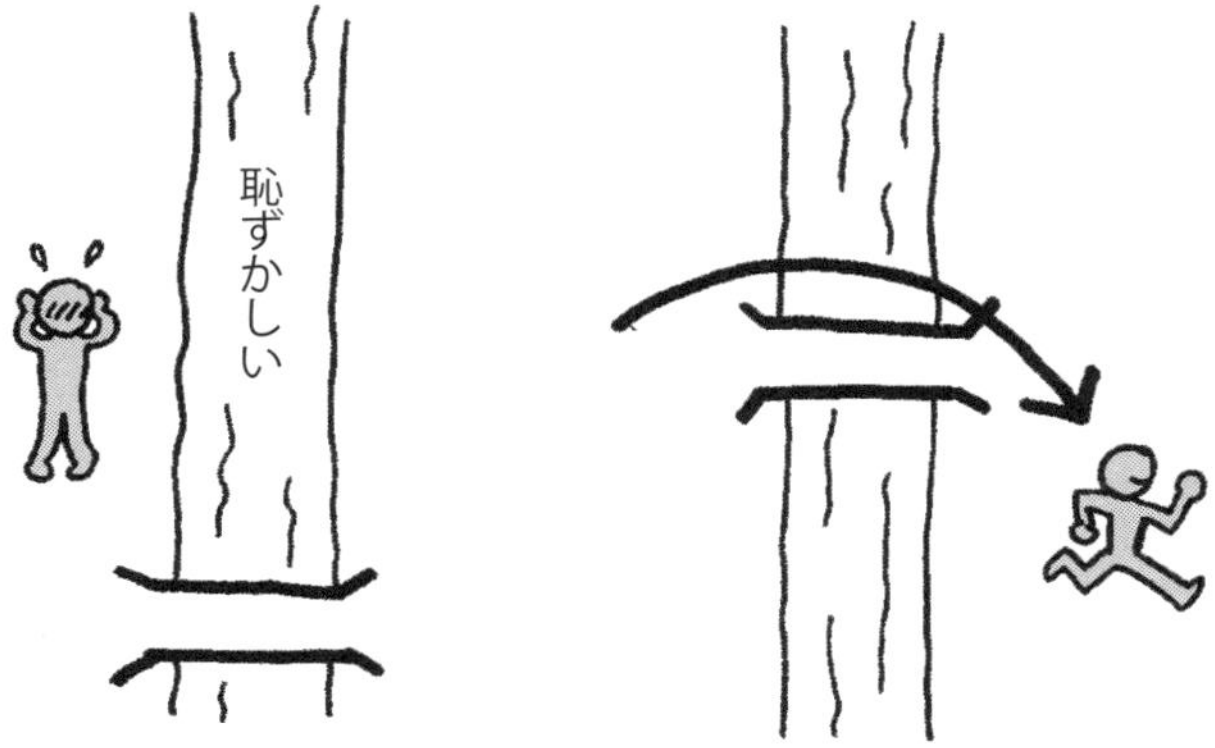

「恥をかきたくない」という川を渡ってしまおう

恥ずかしいと思ってしまう。

だが恥ずかしいというのは、自分の感情にすぎない。かりに的外れな答えをしても、何か現実にマズい状態を引き起こしたり、授業がめちゃめちゃになったりするわけではない。現実に与えるリスクはほとんどないのだ。

にもかかわらず、恥ずかしいという自分の感情のリスクを過大に計算してしまう。

でもよく考えてほしい。恥というのはリスクだろうか。

恥が現実を破壊するわけでもないし、自分にとっても恥をかいたことがマイナスになるかというと、それほどでもない。

むしろ最初に答えてしまったほうが、先

陣を切る役割をはたすわけだから、あまり恥ずかしくない。かりに的外れなことを言っても、最初のほうの意見なら、「まあ、まだ議論がいろいろ出てくる前だから」と許してもらえる。

ところがこれがあとになればなるほど、もっともなことを言わなければならなくなる。そんな時トンチンカンなことを言えば、「おまえは今まで何を聞いていたのだ」ということになって、リスクが大きい。

最初の一歩を躊躇する人は、

①「これは自分の感情の問題なのか」

②「それとも本当に現実のリスクなのか」

をよく考えたほうがいい。

その恥は本当にリスクなのだろうか。

そして「恥をかきたくない」というルビコン川を思い切って渡ってしまうことだ。

恥を気にするあまり一歩が踏み出せない人は、タイミングを逸するので、よけいにリスクを大きくするということを肝に銘じておこう。

14 「感情」によって現実を〝否定色〟に染めあげない

つねに評価される習慣をつくる

恥をおそれる傾向は、特に若い人ほど強い。どうしても自分は恥をかきたくない、そのルビコン川を渡れないという人は、かいても恥ずかしくない小さな恥から慣れておくといい。

そのためには、結果をつねに自分にフィードバックする習慣をつけることをおすすめする。恥をかくのがこわいというのは、結果が出ることをおそれているのだから、いつも評価をフィードバックすることを習慣にして慣れてしまおう。

これを半ば強制的に行うと、恥をおそれて一歩を踏み出さないという心の悪習慣から抜け出すことができる。

私のゼミでは、授業の中でつねに評価することを行っている。たとえば四人一組でディスカッションしたら、その中で一番よかった人を必ず一人選ぶ。これを一時間の授業で何回もくり返す。

「これから一番よかった人を決めます」と言うと、学生たちは最初は「え〜っ」と声をあげる。自分がまったく選ばれなかったら恥ずかしいと思うからだ。

でも一時間のうちに七回も八回も評価することになると、じきに評価慣れしてくる。評価されることは決まりきったシステムだ、と認識されるようになると、自分が選ばれなくても、特に感情が動かなくなる。タフになって、恥ずかしいという感情から離れることができる。

結果を数値で知り、それをネガティブに受け取らない

ふだんの生活で結果をフィードバックする練習をするとしたら、毎日体重を計るのはどうだろうか。毎朝、体重をはかって、手帳やカレンダーにつけるということを機械的にやっていく。最初のうちは体重の増減にショックを受けたり、喜んだりするかもしれない。だが毎日数字を記録していくうちに、感情を流せるようになる。

体重に関して言うと、私もこんな経験がある。ある時体重が急激に一〇キロも増え

体重をはかる
ショック!!
手帳に書く
感情は流す
＝つねに評価する癖をつける
タフになる感じなくなる

結果をフィードバックする練習

てしまったことがあった。その時は体重が増えていることが自分でもわかっていたのに、その現実を見るのがいやで、体重計を避けてまわっていた。

　サウナに行っても、体重計には乗らず、たまに勇気をふるいおこして乗ってみても「この体重計は壊れている」と本気で思うようにした。現実のほうをねじ曲げて、「こんな壊れた体重計をよく公の場に置いておくものだ。大勢の人が乗るのに」とびっくりしていたくらいだった。

　ところがそんなことをしているうちに、とうとう体調をくずしてしまった。だからそれからは自分の体重に正面から向き合うようになった。五〇グラム単位で計測できる体重計を買い求め、毎朝計るようにしたのだ。

毎日結果と向き合うわけだから、いちいち一喜一憂していられない。

手帳に記録していくうちに、結果を淡々と受け止められるようになった。

結果を数値化し、評価されることをシステム化していくことで、一喜一憂する感情から自由になったのだ。

現実と感情の間に仕切りの鉄板を入れる

人は、とかく評価されることをネガティブにとらえがちである。評価が低かったら恥ずかしいと思ってしまう。だが、評価するほうは自分が思っているほどには否定的にとらえているわけではない。

またネガティブな評価が下されたとしても、何か現実に大きな影響があるわけではない。

にもかかわらず評価を否定的にとらえる感情があると、その感情によって不利な現実を引き起こしてしまうことがある。

だから評価することに慣れるシステムをつくり、どんな評価が出ても心が動かない

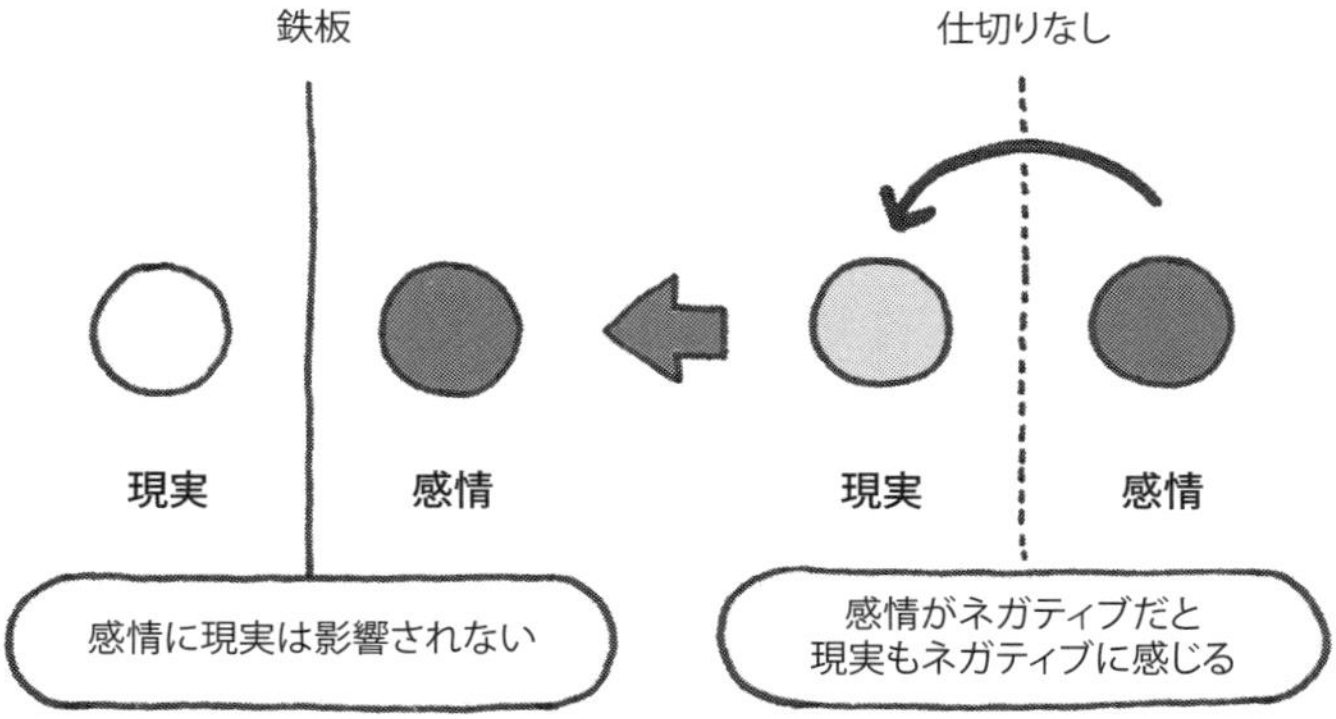
鉄板
仕切りなし
現実
感情
現実
感情
感情に現実は影響されない
感情がネガティブだと
現実もネガティブに感じる

現実と感情の間に仕切りを入れる

ようにする。評価をネガティブにとらえず、現実を知ろうとしているだけだと考えればいい。

現実と感情の間に仕切りの鉄板を入れる感覚だ。そうすれば、感情によって現実が影響を受けない。感情によって、現実を否定的な色合いに染めあげてしまわないことが大切だ。

15

「一喜一憂する自分」と「淡々としている自分」の二層構造をつくっておく

一層だと、終わったあとの虚脱感が大きい

気持ちがいつも安定していてストレスが少ない人は、感情が二層構造になっているような気がする。二層の上のほうは、その時どきの出来事に反応して一喜一憂するが、下のほうは「変化しない自分」が淡々として存在し続けている。

仕事のうち上げに出て「おつかれ〜」などとお茶目に盛り上がっていても、翌日はしゃんとして、仕事の顔にもどっている人などは、この二層構造の持ち主だ。

一層しかない典型が、リオのカーニバルかもしれない。カーニバルの最中は思い切りはじけるが、そのあとの虚脱感がすさまじいらしい。祭りが終わったあとのリオの街の寂寥感、虚脱感は経験した者でないとわからないくらい寂しいものだそうだ。

何か一つ達成したことによって、虚脱感や気のゆるみに襲われる人は、限りなく

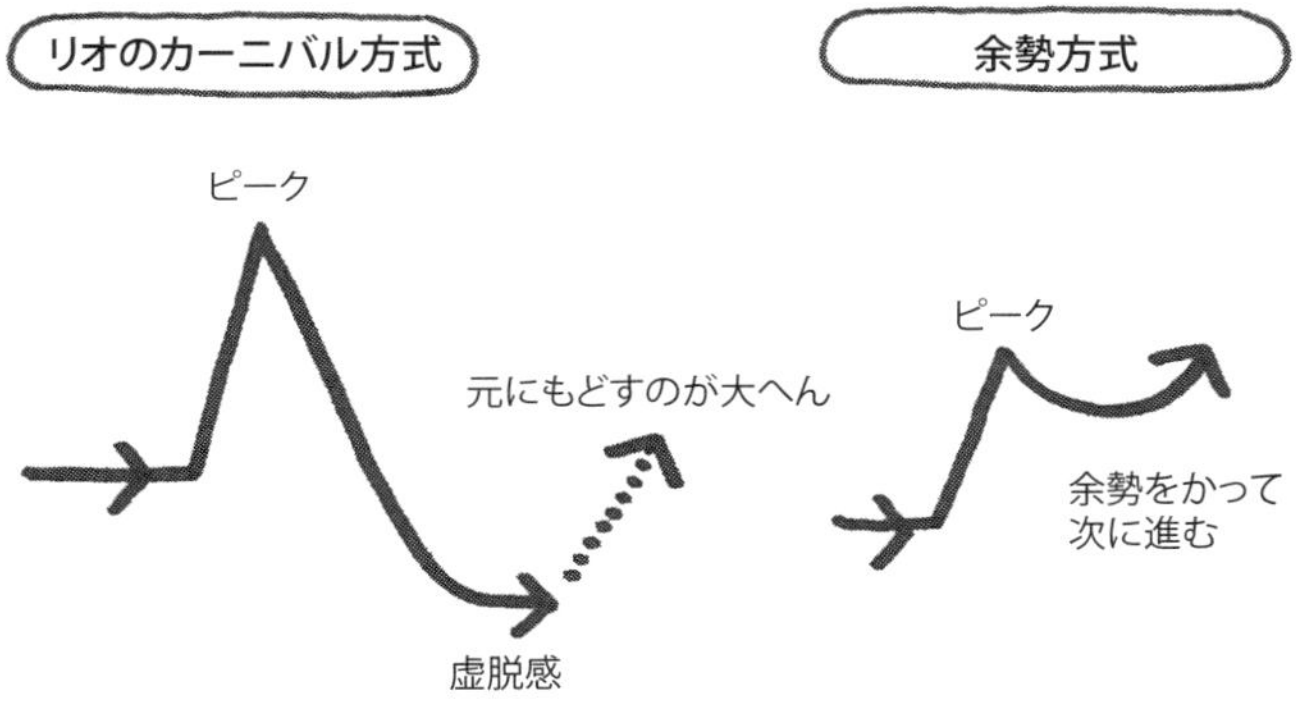
リオのカーニバル方式
ピーク
元にもどすのが大へん
虚脱感
余勢方式
ピーク
余勢をかって
次に進む

リオのカーニバル方式と余勢方式

一層型のタイプに近いから、気をつけたほうがいい。私は一層目の「やった、やった〜！」という達成感の余勢をかって、次のものに気持ちを進めるようにしている。一層で燃え尽きない工夫である。

よくスポーツ選手でも、優勝した翌日はもう「次の試合に備えます」と言って練習を始めているが、これも達成したあとの気のゆるみを生じさせない知恵だろう。

先日、宝塚の男役トップスターの水夏希さんと対談をした。宝塚の場合、一つの舞台のために、ものすごく準備をして練習もするそうだ。そしてやっている最中は、芝居にどっぷりつかって、エネルギーを燃焼しつくす。

だが終わったあとは「おつかれさま」という感じで、すぐ次の舞台の稽古に入るという。前の舞台のことはほぼ完全に忘れるそうだ。つまり「仕事をする」ということにおいて、変わらぬものが地下水のように流れている。

①一層目／そのつど目の前の舞台に没頭して、出来不出来に一喜一憂する
②二層目／トップスターとしての、宝塚を支えるという変わらぬ意志

という構造だ。もっとわかりやすく言うと、たとえば武士に生まれたとする。日々の感情はあるかもしれないが、武士であるというアイデンティティは基本的な流れとして底流にある。それが二層目だ。

宝塚の人たちにとっても、宝塚という舞台を背負う責任感や志、仕事の倫理観があって、それが二層目に流れている。だから一回一回の舞台で一喜一憂する一層目の自分と、もう少し下のほうで、そんなことに流されてはいられない責任ある二層目の自分との二層構造になっている。

それがあるから、あれだけ華やかな舞台が終わっても、リオのカーニバル状態にならずに、次の舞台に向かう前向きな気持ちが生まれるのだ。

つまり目先の一層だけではなく、変化しない二層目を築いておくことが大切だ。

16 「知・情・意・体」の「意」の部分を固める

「意志」を固めて「情」を補強する

人間は「知・情・意・体」のピラミッドでできていると私は思っている。「知」は「知性」のことで、感情や意志の上にのっている。

まず知性があるのではなく、感情や意志が働いて、知性を育んでいくのだ。そしていったん育まれた知性は、崩れることはほとんどなく、安定したものとなる。「情」とは「感情」を意味し、悲しいとかうれしいという喜怒哀楽である。この部分はひじょうにゆれ動きが激しい。人間関係や天気や他人のちょっとした言動によっても、ものすごく影響される。

また「意」とは「意志」のことで、世の中には意志薄弱ですぐコロコロ変わる人もいるが、感情よりは安定している。「とにかく生きる！」というのも意志とするなら、

「意」は根源的なものだ。

「体」は文字通り、身体のことだ。体がすべての根底にあって、ここが崩れるとみなガタガタとくずれてしまう。だが体が健康で快調だと、すべてがうまくいく気がする。美味しいものを食べたり、露天風呂につかったりすると、ニッコリして幸せになるのは、体に直接働きかけることで、その上にのっている「知・情・意」もうまくいくからである。

この「知・情・意・体」のバランスがとれているのが一番理想だが、今は真ん中の「情」の部分が異常にふくれあがってしまった人が多い。さきほどの二層構造の話でいうと、一層目の部分である。

「情」は喜怒哀楽なので、ひじょうに不安定だ。その不安定さを補強するのが「知」であり、「意」であり、「体」である。つまりせっせと勉強してゆるぎのない知性を育み、健康に気をつけて、病気にならないように注意する。

そしてもっとも大事なのは、「意」の部分である「意志」を強くし、目先の「情」にふりまわされないようにすることだ。ピラミッドでいうと、「意」の部分を固めて、「情」の不安定さを支えるのである。

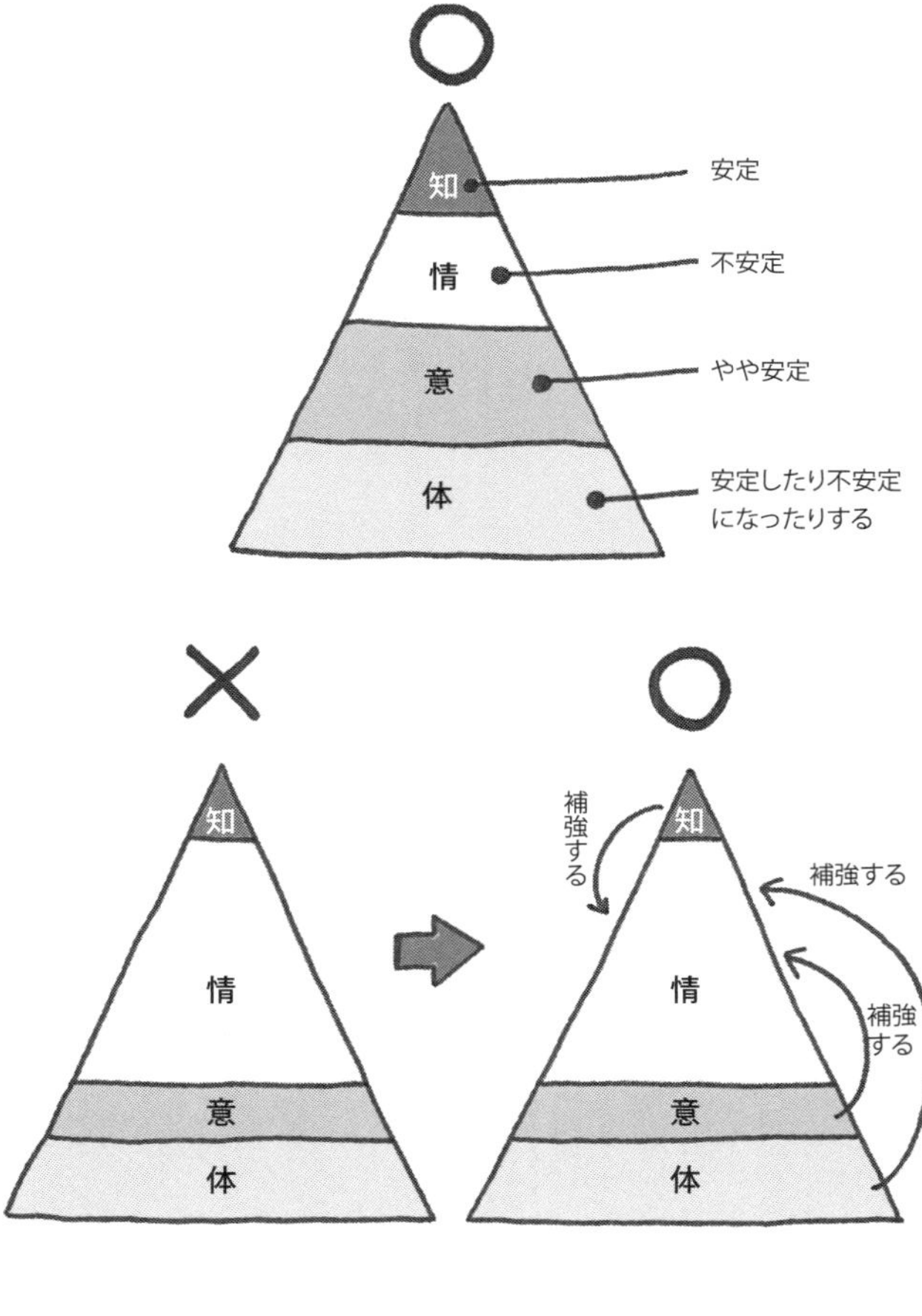

○
知
情
意
体
安定
不安定
やや安定
安定したり不安定
になったりする
×
知
情
意
体
○
知
情
意
体
補強する
補強する
補強する

「知・情・意・体」のピラミッドをバランスよくつくる

17

意志の世界を鍛えてくれる本を読み続ける

「職業倫理」は最低限の意志

問題はどうやって「意」の部分を強くするかだが、まず基本は自分がよって立つ社会的な「立ちどころ」を失わないことだ。「立ちどころ」とは、自分は「何であって」「何をすべきか」、社会的なアイデンティティと言ってもいい。

「学生である」「会社員である」「主婦である」「武士である」……といった社会的な身分は人間にとって想像以上に大切なことだ。これが確保できていれば、最低限の「意」は安定すると思っていい。

無職の男性が犯罪をおかす事件が時々あるが、職につきたくてもつけないという状況に置かれると、誰だって危険である。自信も失うし、経済的にも追い込まれるし、自暴自棄になっていく。自分が立っている「立ちどころ」から放り出された時、人間は「情」だけに振り回される危険な存在になってしまう。

「意」の部分、つまり「意志」を強くするというと、「自分で強く思うこと」と受け取るかもしれないが、最低限の「意」はもう少し習慣化した思いである。

すなわち「学生である」「会社員である」……といった「立ちどころ」があって、それが職業倫理になってしまえば、「自分はこういう仕事だから、こんなことはしない」とか「こういうことは我慢する」とか「朝は決められた時間に会社に行く」といったことが生まれてくる。

それは「情」とは無関係に動く世界だが、ただの習慣かと言われるとそうではなく、やはり自分の「意志」である。そうした「意志」は二層構造でいうと、二層目の底流にある変わらぬ流れになっていく。

それが最低限の「意」を支えるわけだから、「情」にふりまわされるだけの人間にならないためにも、自分の社会的な「立ちどころ」は失わないようにしなければならない。

もしその会社に就職していることが自分にとってメリットがあって、それを失いたくなければ、基本的にこなさなければいけないことがあるわけで、遅刻しないで会社に行くとか、勤務時間中は仕事をするといった原則は守らなければならない。それが「意」の部分を保ち続ける、最初の基本である。

意志が安定している人が大きなことをなし遂げている

次に大事なのは、「意志」そのものを強く鍛えていくことだ。日々のやる気や前向きな気持ちを深いところで支えるエネルギーを高めていくのである。

そのために、私がやっているのは、意志を鍛えてくれるような本を読み続けることだ。私は自伝や伝記物をよく読む。伝記に登場する偉人たちは、感情の世界よりもう少し下の「意」の世界で流れをつくった人が多いように思う。

どんな偉人でも人間だから、感情が盛り上がったり、盛り下がったりするし、打ちひしがれることもあるが、伝記になるような大きなことをなし遂げた人は、共通して「意」の部分がひじょうに安定していて、簡単には「情」に振り回されない。

坂本龍馬が人気があるのは、彼の人柄もあるが、「こうしよう」と思ったら、どんな状況になっても前向きに、明るく、自分の「意志」をもちつづけたからだと思う。

司馬遼太郎が『竜馬がゆく』や『燃えよ剣』で描きたかった世界も、「意」の

「志《こころざし》」というところだろう。

幕末の志士たちは、それぞれ「意志」の流れを持っていて、その方向性は違っていても、それらの支流が合わさって大きなうねりになっていった。幕末、明治のダイナミックな動きが人々の心をうつのも、そこに流れる「意志」のエネルギーに奮い立たされるからだ。

だから司馬遼太郎の作品を読むと、心が大きくなっている。そのエネルギーを「情」の世界ではなく、もう一つ下の「意」の世界に注ぎ込めれば、自分のやる気や前向きになる姿勢を支えてくれる。

前にもふれたが、人と競争するのではなく、自分がリスペクトできる人を見つけて、その人のゾーンに入ってしまったほうが、ずっと楽だし、効果がある。

日常生活もその人に同化して、そちらの世界で染め上げていくと、それが底流になって、強い「意」の力が自分の底を流れる水脈になっていくのだ。

COLUMN

02

好きなことをしていれば、体も変わってくる～クルム伊達公子

『婦人公論』(二〇〇九年九月七日号)にのっているクルム伊達公子のインタビューは、体との対話を考える上で、ひじょうに興味深い。プロテニスプレイヤーとして活躍したクルム伊達は九六年に現役引退する。プロ時代から伊達は「いずれテニスはやめるもの」と思っていたそうだ。彼女には女性は家庭に入るものだという固定観念が根強くあった。だから引退した時は「二度とラケットは持ちたくない」と思ったほどだ。だが結婚相手は外国人だった。家事をする伊達に夫は、「なぜ家ばかり片づけているの?」と不思議がった。日本の夫婦は一心同体で生きるのが理想だが、「私たちは、それぞれの円を持っていて、その一部が重なりあい、同じ方向を向いているという感じ」だったと伊達は言う。そんな彼女の一番の悩みは子どもができないことだった。不妊治療をしても効果がなく、その焦りからフルマラソンに挑戦すると、今度は生理が止まってしまった。最悪の状態だったという。

ところがテニスの練習を始めると、生理の周期が正常に戻ったのである。二度とラケットを持たないと思っていたのに、やってみるとテニスが楽しい。今、伊達は体中からエネルギーがあふれ出るのを感じながら、テニス中心の生活を送っている。「好きなことをしていれば、精神的に満たされていれば、ホルモンは順調に分泌されるんですね。人間の体は本当に正直」と伊達は語る。まさに体が精神を変えたのだ。

18／34

第二章

前向き思考になる仕事のやり方

18

多少粗くてもいいから、一歩を踏み出してみる

とりあえず、書きやすいところから書き始める

ラテン系の人たちに比べると、日本人はどう見ても後ろ向きだ。

それは何事も完璧にやろうとするからに違いない。電車が一時間遅れても平気な人たちと、一秒の狂いもなく新幹線を走らせようとする国民との違いだろう。

仕事においては、完璧にやろうとすると一歩目が踏み出せない。その結果、期限に遅れてマイナス評価を受け、ますます後ろ向きになってしまう。仕事ができない人の烙印を押されてしまうのだ。

たとえば原稿用紙を前にした時、いい文章を書こうとすると、一行目が書けない。私自身、かつて丸一日、机の前でうんうん脂汗を流して、原稿用紙一枚も書けなかったことがある。

18 多少粗くてもいいから、一歩を踏み出してみる

最初の一文をどうしたらいいか悩んでしまって、そこでエネルギーを使い果たしてしまったのだ。すると気持ちも後ろ向きになってしまう。自分でもさすがに「書くのが苦手かも」と落ち込んだ。だが、そうではなかった。「すごいものを書いてやろう」という力みを捨てたら、とたんに進み出した。

大切なのは「完璧なものをつくる」ことではなく、とりあえず求められた分量の仕事を期日までに仕上げることだ。そうすれば、編集者の場合は本ができるし、学生ならレポートの提出に間に合う。

①「完璧なものをつくる」
②「期限に間に合わせて形にする」

この二つのうち、どちらの優先順位が高いかである。

私は小学生を対象にした斎藤メソッドの塾で、子どもたちに読書感想文を書かせるのだが、原稿用紙の前で煮つまっている子どもには、「とりあえず書けるところから書いてみよう」とアドバイスしている。

「書きやすいところだけ書いて、あとから変えればいいや」くらいの軽い気持ちでとりかかると、意外に原稿用紙二、三枚くらいならサラサラと書けてしまうものだ。

たたき台でいいので早めにつくる

仕事も同じで、「完璧」をめざしてぐずぐずしていると進行は遅れ、思考はどんどん後ろ向きになってしまう。そうならないためには、とにかくたたき台でもいいので、期限に間に合わせてつくってしまうことだ。

そうすれば、あとで修正することもできるし、周りに迷惑をかけないですむ。

以前、こんなことがあった。

「完璧な企画書をつくって会議に通したいので、事前に相談したい」と言われてさんざんつきあったあげく、「まったく方針が変わりました」と言って、すべてがおじゃんになってしまったのである。

企画は練り上げようとして形にならないものよりは、早めにたたき台を出してくれたほうがみなで修正できるので、実現しやすい。

とにかく多少粗くてもいいので、最初のステップを踏み出してしまうことである。

めざすべきゾーンでいうと、こんな感じだ。

何事にもきっちりしていて、しかも前向きなのが「エリート」だとすると、そのゾ

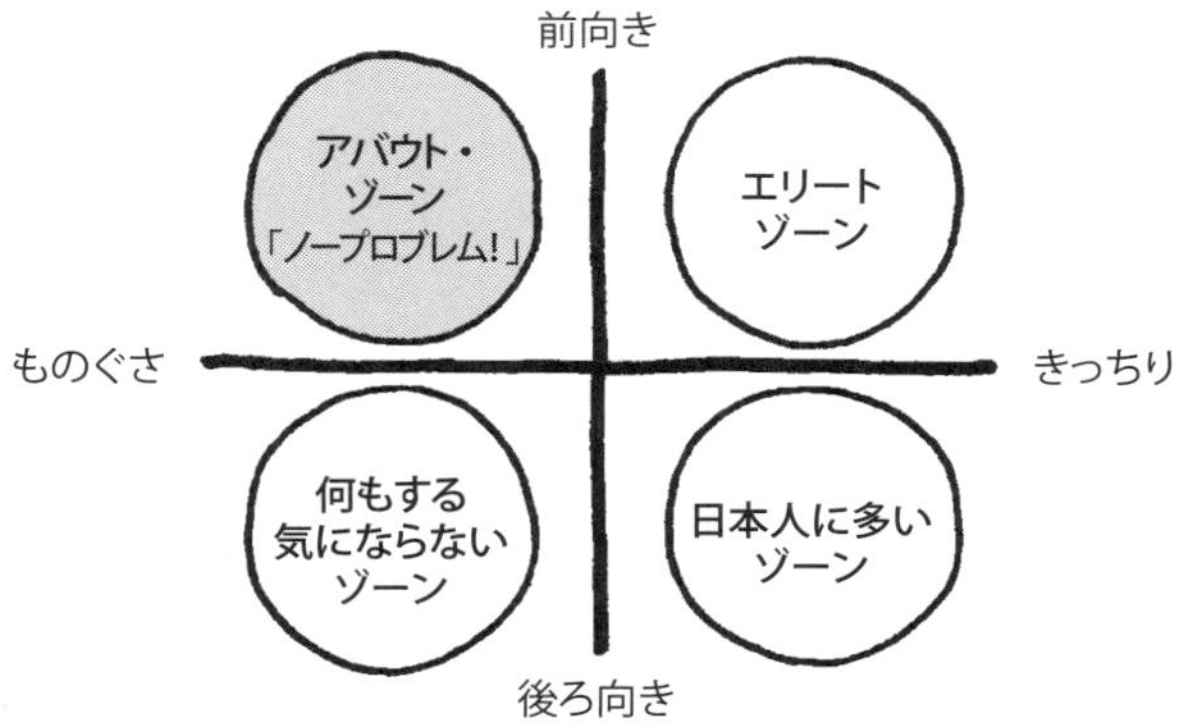
前向き
アバウト・
ゾーン
「ノープロブレム!」
エリート
ゾーン
ものぐさ
きっちり
何もする
気にならない
ゾーン
日本人に多い
ゾーン
後ろ向き

めざすべきは「アバウト・ゾーン」

ーンをめざすのは凡人にはちょっと厳しい。しかし、きっちりしようとがんばってしまう人が「日本人」には多い。その結果、完璧にできないと後ろ向きになってしまう。

一方、初めから「きっちり」をめざさない「ものぐさ」もいる。その「ものぐさ」には二種類あって、形にしようとする気がまったくない「ものぐさ」と、何とか楽をしながらも、形にしようとする「ものぐさ」である。

前者は形にする気がないので、思考も後ろ向きである。すなわち「何もする気にならない」ゾーンだ。ここにおちいってしまうと、最悪である。

めざすべきは、ある程度ものぐさであっ

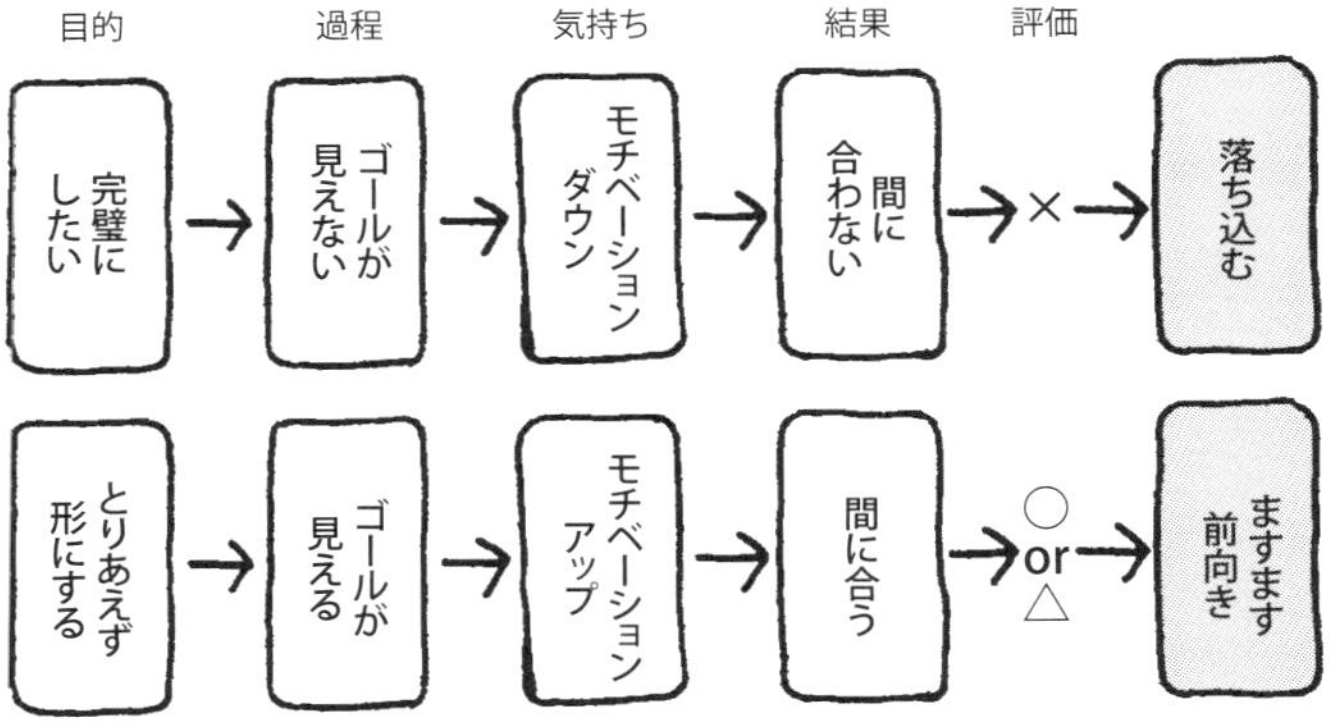
目的
過程
気持ち
結果
評価
完璧にしたい
ゴールが見えない
モチベーションダウン
間に合わない
×
落ち込む
とりあえず形にする
ゴールが見える
モチベーションアップ
間に合う
○or△
ますます前向き

完璧主義は後ろ向きになる

ても、前向きでいる「アバウト・ゾーン」だ。精神的なモチベーションでいうと、要領よく仕事を片づけたいとか、適当でもいいからとりあえず形にしようという人たちである。

　問題が多少あっても、「ノープロブレム！」と言いながら、とにかくアバウトに事を前に進める。このゾーンを意識していると、「とりあえず始めてみよう」という前向きな気持ちになれるので、形にはなる。そこから練り直せばいい。

　完璧主義で慎重になりがちな人や後ろ向きになってしまう人は、この「アバウト・ゾーン」をめざすと、うまくいく。

19 まずは「六割主義」で最初のゴールを設定する

「単位が取れればいいんでしょ」というレベルで十分

完璧主義の人は、必然的にスピードが遅くなるので、後ろ向きになりがちだ。まずはゴールを「完璧」ではなく、「六割」あたりに定めるといいだろう。

なぜ「六割」かというと、それぐらいがちょうどいいからだ。これが四割ではスカスカすぎて、相手も自分も納得できない。

かといって八割までがんばると、あとの二割は細部を整えるだけだから、ほとんど仕上がっているも同然だ。そこをめざすのはちょっとつらい。「六割」くらいがほどほどでいいのである。

試験でも「八〇点以上」は一番いいクラスだ。そこまで行く必要はない。「単位を取ればいいんでしょ」というレベルが六〇点なのである。社会を生きていくには、六〇点でスピードをアップさせる方が、遅い人より修正が利く。

東大の入試でも、だいたい六〇点取れれば合格できるようになっている。それを八〇点以上で合格しようとするから、尋常ならざる努力が必要になる。

当然、時間は限られているので、一つの科目に大変な努力を注いでいると、ほかの科目は手薄になる。結果、平均点で落とされてしまっては、なんのための尋常ならざる努力だったのか、ということになる。

だから行き過ぎないことが大事である。

日本人はとかく目標を高く設定する傾向があるので、後ろ向きになりがちの人は「六割ぐらいでいい」というように、とりあえずのゴールを低めに設定するのがいいだろう。

野球少年が北極星のようにイチローをめざすのもいいが、理念や理想としての〝北極星的存在〟と、現実とは分けて考えたほうがいい。

仕事や勉強に取り組むモチベーションをあげるには、とりあえず、現実として目の前の目標はわりと低めに可能なゴールを設定して、次々とクリアしていくことである。

六割だと相当力を抜いても大丈夫

仕事や勉強を進める上で「六割主義」がひじょうに効率的なのは、筋肉トレーニングをやっていても実感する。私はつい無理をしがちな性格なので、筋トレでもめいっぱい一〇〇%の力でバーベルを持ち上げていた。それはそれで筋肉が鍛えられるのだが、たいていは無理をしすぎて筋肉痛になり、一週間くらいジムを休んでしまう。

そんなことをしても意味がないので、最近は六割の力で持ち上げられるくらいの重さを維持することにした。六割でいいなら、精神的にも肉体的にもそれほど難しくない。かなり余裕ができて、筋トレも楽に続けられるようになった。

そのかわり六割の負荷をゆっくりじっくり味わいながらやるようにした。すると、筋肉の感覚が鮮明になってくる。余裕をもって見つめられる。

自分の力に対しての六割だから、相当、力を抜いても大丈夫だ。だから、仕事や勉強を始める前に疲れてしまう人や、やっている途中に「できない」と自信をなくしてしまう人は、「とりあえず六割できれば成功」と考えて取り組んでみよう。

かなり楽な気持ちでやれるのではないだろうか。

20

最低限のノルマを決めて、残りをオマケの時間にする

「これだけやればクビにならない」というところを固める

仕事は、人に押しつけられたノルマに追われてやっていると、どうしても後ろ向きの気持ちになる。しかし自分でノルマを決める場合は、「やらされてる感」がないので、それほど負担な気持ちにならない。

だから「今日はこれをやれば上がりだ」という最低限のノルマを自分で決めておけばいいのだ。この「最低限の」というところがポイントである。間違っても、達成するのがたいへんなほど高いノルマを設定してはいけない。あくまで六割主義を意識しよう。仕事で言えば、「これだけやれば、今日のところはいいだろう。少なくともクビにはならないだろう」というあたりを設定する。

そして最低限のノルマを決めておいて、それを早めに終わらせてしまう。すると

天児慧　早稲田大学教授

アジア連合への道

——理論と人材育成の構想

「東アジア共同体」について理論的な考察を加え、人材育成の視点から具体的なプログラムを提示する。長期的な視点にたった場合に、日本に何ができるのかを考える。

86402-4　四六判（6月26日刊）２６２５円

ジョナサン・ウィルソン　野間けい子 訳

サッカー戦術の歴史

——２-３-５から４-６-０へ

サッカーの歴史をたどり、数々の名試合で使われた戦術を体系的に分析。専門家からいちファンにいたるまで、これからのサッカー談議は、この本抜きにはありえない！

87822-9　A5判（7月10日刊）４２００円

宗祖親鸞聖人七百五十回御遠忌記念出版

シリーズ親鸞第三巻（全十巻）　第４回配本

釈尊から親鸞へ

—— 七祖の伝統

狐野秀存／真宗大谷派（東本願寺）

法然に出遭い本願念仏の世界に入った親鸞。その背景には龍樹・天親・曇鸞・道綽・善導・源信という先師の伝統があった。その連綿たる無窮の流れを、讃嘆の精神をもってたどる。

32023-0　四六判（7月1日刊）1890円

価格は定価（税込）です。6桁の数字はJANコードです。頭に978-4-480をつけてご利用下さい。

7月の新刊 ●7日発売

ちくま新書

852
ポストモダンの共産主義
スラヴォイ・ジジェク
栗原百代 訳
▼はじめは悲劇として、二度めは笑劇として

9・11と金融崩壊。くり返されるグローバル危機という掛け声に騙されるな――闘う思想家が混迷の時代を分析、資本主義の虚偽を暴き、真の変革への可能性を問う。

06557-5 945円

853
地域再生の罠
地域再生プランナー 久繁哲之介
▼なぜ市民と地方は豊かになれないのか？

活性化は間違いだらけだ！ 多くは専門家らが独善的に行う施策にすぎず、そのために衰退は深まっている。このカラクリを暴き、市民のための地域再生を示す。

06562-9 819円

854
ニッポンの海外旅行
関西大学准教授 山口誠
▼若者と観光メディアの50年史

なぜ最近の若者は旅に出なくなったのか？ 戦後の各時代を象徴するメディアから、旅の形がどのように変化したか読み解き、現在の海外旅行が持つ問題の本質に迫る。

06559-9 819円

855
年金は本当にもらえるのか？
学習院大学教授 鈴木亘

本当に年金は破綻しないのか？ 政治家や官僚は難解な用語や粉飾決算によって国民を騙し、その真実を教えてはくれない。様々な年金の疑問に一問一答で解説する。

06561-2 819円

856
下から目線で読む『孫子』
弘前大学教授 山田史生

支配者たちの座右の書とされてきた『孫子』。これを正反対の立場から読むと、また違った側面が見えてくる。類例のない、それでいて肩の凝らない古典エッセー。

06560-5 735円

価格は定価（税込）です。6桁の数字はJANコードです。頭に978-4-480をつけてご利用下さい。

好評の既刊 ＊印は6月の新刊

- **現代語訳 学問のすすめ** 福澤諭吉 齋藤孝 訳 明治時代の大ベストセラーは、最高の生き方指南書！ 06470-7 798円
- **現代語訳 論語と算盤** 渋沢栄一 守屋淳 訳 実業界の父が明かすビジネスの秘訣。今なすべき道とは 06535-3 798円
- **入門 経済学の歴史** 根井雅弘 理論間のつながり・対立点がスッとわかる決定版入門書 06532-2 798円
- **現代の金融入門【新版】** 池尾和人 金融危機後の最新理論までを盛り込んだ入門書決定版 06529-2 819円
- **マーケティングを学ぶ** 石井淳蔵 「生活者志向」から描く新しいマーケティングの姿 06530-8 945円
- **コミュニティを問いなおす** ――つながり・都市・日本社会の未来 広井良典 ポスト成長時代の課題「つながり」をどう再生するか 06501-8 903円
- **教育の職業的意義** ――若者、学校、社会をつなぐ 本田由紀 学校と仕事の壊れた連環を修復し、社会の再編を考える 06523-0 777円
- **介護入門** ――親の老後にいくらかかるか？ 結城康博 現場の声を拾い上げ、複雑な介護の仕組みを解説する 06538-4 756円
- **使える武術** 長野峻也 発勁、気功、護身術、日常使える身体操法。超流派で紹介 06537-7 756円
- **刑事《デカ》魂** 萩生田勝 臨場、尾行、取調室での攻防…ベテラン刑事の着眼とは 06543-8 756円
- **死刑と無期懲役** 坂本敏夫 逃さず殺さず狂わさず… 元刑務官がみた罪と罰 06533-9 756円
- **わかりやすいはわかりにくい？** ――臨床哲学講座 鷲田清一 逆説に満ちた現代社会を生き抜くための哲学的レッスン 06539-1 714円
- **組織力** ――宿す、紡ぐ、磨く、繋ぐ 高橋伸夫 いい仕事はひとりじゃできない！組織力の高め方を解説 06548-3 777円
- **無縁所の中世** 伊藤正敏 なぜ人々は無縁所へ駆け込むのか。確かな史料で描く 06545-2 777円
- **認知症は予防できる** 米山公啓 認知症の基本から治療の最新事情までがわかる一冊 06546-9 714円
- **仏教の身体感覚** 久保田展弘 座禅、念仏、瞑想…身体感覚という観点から考える仏教 06547-6 777円
- **日本のナショナリズム** 松本健一 国家をめぐる精神史をたどり、東アジアの未来像を探る 06550-6 714円
- ＊**成熟日本への進路** ――「成長論」から「分配論」へ 波頭亮 国民が真に幸せだと思える国家ビジョンを緊急提言 06556-8 819円
- ＊**世直し教養論** 原宏之 後期近代の転換期に立ついま、〈教養〉を再定義する 06552-0 861円
- ＊**40歳からの腸内改造** 松生恒夫 乳酸菌、食物繊維、オリゴ糖。何をどれだけどう摂る？ 06549-0 714円
- ＊**「いい文章」ってなんだ？** ――入試作文・小論文の歴史 石川巧 入試問題を歴史的に分析し、文章評価のカラクリを暴く 06554-4 903円
- ＊**競争の作法** ――いかに働き、投資するか 齊藤誠 資本主義に向き合い、幸福を味わうための生き方とは 06551-3 777円

価格は定価（税込）です。6桁の数字はJANコードです。頭に978-4-480をつけてご利用下さい。

好評の既刊

温泉力
松田忠徳
本物の温泉が持つ魅力を「温泉力」と名づけ、その魅力をあますところなく紹介する。温泉教授が選ぶ最新版温泉リスト120付。
42710-6
798円

新ナポレオン奇譚
G・K・チェスタトン　高橋康也／成田久美子 訳
未来のロンドン。そこは諧謔家の国王のもと、中世の都市に逆戻りしていた……チェスタトンのデビュー長編小説、初の文庫化。　解説　佐藤亜紀
42720-5
840円

ヒュペーリオン　●ギリシアの隠者
ヘルダーリン　青木誠之 訳
祖国ギリシアの解放と恋人への至高の愛の相克に苦しむ青年ヒュペーリオン。生と死を詩的・汎神論的境域へ昇華する未踏の散文を、清新な新訳で。
42721-2
1365円

文豪怪談傑作選　芥川龍之介集　妖婆
東雅夫 編
和漢洋の古典教養を背景にした芥川の怪談は、まさに文豪の名に相応しい名作揃い。江戸両国ものを中心ににマニア垂涎の断章も網羅した一巻本。
42742-7
924円

思考の整理学
外山滋比古　受け身でなく、自分で考え行動するには？　話題沸騰
★02047-0
546円

アイディアのレッスン
外山滋比古　思いつきを〝使えるアイディア〟にする方法を伝授！
42685-7
567円

質問力　●話し上手はここがちがう
齋藤孝　コミュニケーション上達の秘訣は質問力にあり！
★42195-5
504円

世界がわかる宗教社会学入門
橋爪大三郎　世界宗教のエッセンスがわかる充実の入門書
42227-7
819円

それからの海舟
半藤一利　新旧相撃つ明治を生き抜いた、勝海舟の後半生
42443-3
819円

これで古典がよくわかる
橋本治　具体例を挙げ、独特な語り口で教授する最良の入門書！
★03690-3
714円

整体入門
野口晴哉　東洋医学を代表する著者が、初心者向けに要点を説く
★03706-3
630円

図書館の神様
瀬尾まいこ　人は神様に出会うことがある——珠玉の青春小説
42626-0
525円

価格は定価(税込)です。6桁の数字はJANコードです。頭に978-4-480をつけてご利用下さい。
★印の6桁の数字はISBNコードです。頭に4-480をつけてご利用下さい。

「あとはオマケ」という気分になる。この「オマケの気分」が前向きになるためにひじょうに大事な要素になる。

追い立てられる気分を早く脱して、「別にやらなくてもいいんだけれど、オマケでやっている」という気分にすると、仕事はより早く進む。結果的に六割ではなく、一〇割の仕事をやったとしても、四割はオマケの気分でやっているから、キツさはない。

とにかく最低限何をしなければいけないか、「これだけやればクビにならない」というところを決めて、そこを固めれば、あとはオマケの気分で仕事に取り組めるから気分は楽だ。

調子が悪くてもやれるのがプロ

私の場合で言えば、最低限のラインとは授業をやることである。だから私は、休講はほとんどしない。

この二〇年間、私は体調が悪いといった理由で休講にしたことはない。熱があるとか、気分が悪いという理由で授業を休む発想がないのだ。職業倫理というよりは、もうそういうものだと決めている。おそらくそのことが、私の体調をひどく悪くさせない歯止めにもなっているのだと思う。

私は月曜日の午前中から授業をすることにしているが、それは月曜日の朝からスタートすることで、世の中の人と同じように働いている気がするからだ。「みんな働いているのだから」という感じにすると、何となく波に乗った気になる。

そして少なくとも、月曜日から授業をするということに決めておくと、それに向けて体調を整えるために、日曜日は自然に休むようになるし、調子の悪さは日曜日に持ってくるようになる。

万一月曜日になって、まだ体調が戻らなくても、授業をやってしまう。調子が悪くてもそれなりにピッチングができるプロのピッチャーみたいなものだ。プロというのは、調子がいい時にいい仕事をするのは当たり前で、悪くても最低限の仕事はできなければならない。

とにかく最低限きちんとやっていれば、問題はない。そしてそこをこなしている自信があると、早め早めに仕事を終わらせていくことで、オマケの時間ができて、仕事に勢いがついていく。いつも余裕で仕事をこなしている気になるので、気持ちも前向きになるというわけだ。

21 一週間を前半後半にわけて、オマケの時間をつくる

前半はルーチン、後半はクリエイティブ

私は一日のうちで早めに仕事を終わらせるというより、一週間を大きく一日としてイメージし、週の前半のうちに仕事を終わらせるようにしている。

週の前半、月、火、水あたりはどうしても提出しなければいけない書類を仕上げたり、判子を押したりなど、事務的な仕事を終わらせる。

大学でも会社でもそうだが、組織に勤めていると、どうしても煩わしいクリエイティブではない仕事がある。それを週の前半に固めてこなしてしまうのだ。

すると週の後半にいくにしたがって、自分の裁量で動ける時間が増えてくる。要するにオマケの時間だ。

そうなると、肉体的には週の前半よりは疲れてくるが、気分的には楽になって、オ

マケの時間で何かやろうという前向きな感じになってくる。

つまり最低限やらなくてはいけないノルマは月、火、水くらいでやりきってしまい、週の後半のオマケでくっついてきた時間に好きなことをやる。そこは気分的にフリーな感じだから、前向きだ。

こんなふうに一週間単位で予定を組んでいくと、週の前半は「昼間」、後半は「夜」というイメージでサイクルができてくる。

昼間、全力で仕事をして、夜はその余熱で、肉体的には疲れていても、自分が好きなクリエイティブなことをやる。その時間がとても充実しているという感じだ。

そして土日は、一日の単位に置き換えると、「睡眠」に相当するので、休むことになるが、ただ休むというより、私の場合、土曜日は一週間の中でできずにあふれてしまったことや、イレギュラーなものをいれていくようにしている。

たとえばコンサートに行くとか、研究会や会合などを土曜日にいれて、フリーな活動日にしておくのだ。そして日曜日は一日あけておく。そうすれば、日曜日は一日寝ていても大丈夫だ。

そう考えると一週間が七日単位で回っていくのは、とてもよくできている。これが

21 一週間を前半後半にわけて、オマケの時間をつくる

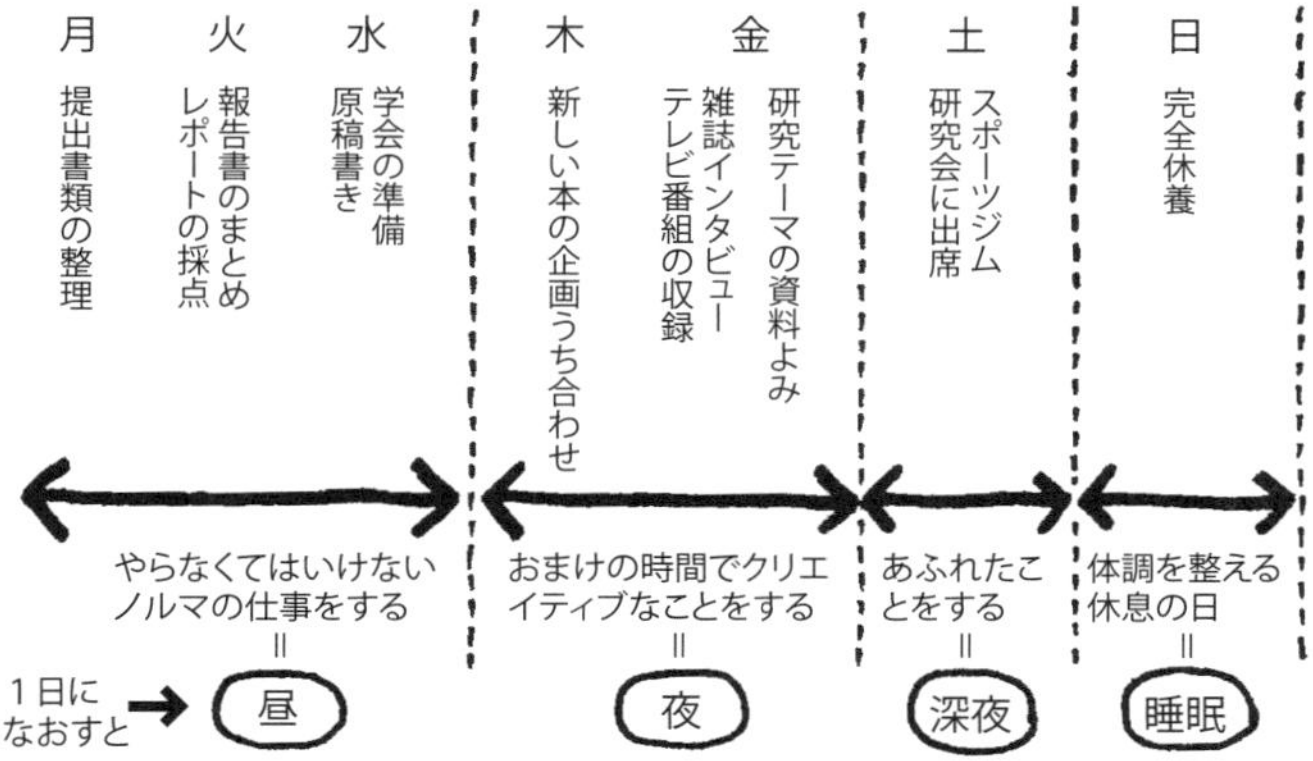
月
提出書類の整理
火
報告書のまとめ
レポートの採点
水
学会の準備
原稿書き
木
新しい本の企画うち合わせ
金
研究テーマの資料よみ
雑誌インタビュー
テレビ番組の収録
土
スポーツジム
研究会に出席
日
完全休養
やらなくてはいけないノルマの仕事をする
＝
昼
おまけの時間でクリエイティブなことをする
＝
夜
あふれたことをする
＝
深夜
体調を整える休息の日
＝
睡眠
１日になおすと

１週間の予定表

もし一週間が五日しかなかったら、休みを抜かせば実働三、四日だから、いくらなんでも少なすぎる。

あるいは十進法にしたがって一〇日もあったら、週の後半はものすごく疲れ果てていただろう。

オマケの時間をつくるという意味でも、一週間が七日で本当によかったと思っている。

22

ぜったいに仕事をしてしまう「惰性の法則」

一週間のリズムをつくり、ひたすらくり返す

私は仕事の関係もあって、時間割がだいたい決まっている。だから一週間の予定がたてやすいと言えるかもしれないが、大学の授業がない時も、やはり一週間のサイクルをきちんと守って動いている。

週の前半でノルマをこなし、後半はオマケの時間にしてクリエイティブなことに使い、土曜日はフリーな活動日、日曜日は休むというサイクルをこの二〇年間、かたくなに守り続けているのだ。

毎週、毎月、毎年、同じことのくり返し。来年、大学をやめるとか、ほかのことを始めるということも考えない。なぜならくり返しているほうが楽だから。

私は本来おそろしくものぐさな人間なので、新しいことを始めようとしたり、環境を変えたりするのはとても疲れる。考えただけでどっと疲れが出て後ろ向きになってしまう。だから惰性で回転させていくことが、とても大事なのである。

惰性というと、何かサボっているイメージがあるが、私にとって惰性とは「慣性の法則」みたいなもので、仕事を維持し続けるためにとても重要な要素だ。

「慣性の法則」とは、ある力が加わった運動体がずっとその運動を続けていくことを言う。「この条件がそろえば、やってしまう」という慣性の法則を自分にあてはめてしまうと、私のようなものぐさな人間は、放っておいても惰性で仕事をしてしまうので、とても楽である。デスクにつけばつい仕事をしてしまうとか、パソコンを開くとすぐ仕事モードになるという状態をつくってしまうのである。

惰性運動が起こる状況をセットする

私の場合は、喫茶店に入るとすぐに仕事をすることになっている。研究室ではほとんどいつもソファーに寝ころがって本を読んでいるくせに、喫茶店に入ると、とたんに仕事モードになるから自分でも笑ってしまう。

いい加減追い込まれて、どうしても今日中にこの仕事をやらなければいけない時になると、決まって研究室を出て、大学の近くにあるホテルの喫茶店に向かう。

そして喫茶店のいすに座ると、ほかにすることがないから、しかたなく仕事を始める。それを習慣化していたら、まるで〝パブロフの犬〟のように、喫茶店に入ると仕事をするようになってしまった。

とにかく「こうなったら、こうしてしまう」というセットをつくってしまうと、そこには意志や考えは存在せず、よけいなエネルギーが消費されないから、疲れない。ものぐさな人間にとっては、この「エネルギーを使わない」というところがポイントになる。だから私は入る喫茶店も決めてあるし、注文するものもいつも同じものにしている。そうすれば、「どの店に入ろうか」とか「何を頼もうか」などとよけいなことを考える必要がない。考えない分、疲れないので、仕事にスッと入れる。

「前向きになろう」ということから気持ちを離す

そういうパターンをつくってしまうと、自分の意志がまったく必要なくなる。意志をできるだけ使わないのが、前向き思考には必要で、無理やり意志をつかって前向きになろうとするから、ぎくしゃくするし、うまくいかないのだ。

特に私のようにものぐさな人間にとっては「さあ、やるぞ！」という気になれない時のほうがほとんどだから、よけいに意志のいらない状況のセットが必要である。

たとえば目の前に学生が来ると、シャンとする。それは意志の力でそうなっているのではなく、状況がセットされたからシャンとしただけだ。喫茶店に入ると仕事をするとか、パソコンを開くと仕事モードに入るという、状況のセットさえつくっておけば、もう意志は必要ない。

逆に言うと、意志の必要な状況を極力少なくしていくと、結果として前に進んでしまう状況をつくる。そうすれば、やったことによって勢いがついていくので、その余熱を利用して、次の何かにとりかかれる。ものぐさな人間が前向き思考をしようと思ったら、できるだけ意志を使わないよう状況をセットすることが大事なのだ。

ポイントは「やらなければ」と気合で無理に前向きにしないことだ。そう思うと気が重くなる。それより状況をセットしてできるだけそれを変えないようにしたほうがいい。無理やり「前向きになろう」とか「クリエイティブであろう」といったことからいったん気持ちを離して、自分がいつもやっている惰性的なくり返しをパターン化してしまうのだ。そうすることで前に向かうエネルギーが蓄積されていく場合もある。

23
できる人になる「三秒／二〇秒トレーニング」

三秒で反応して、二〇秒で要点を言う

ものごとの本質がつかめずにぐずぐずしていると、仕事は進まない。思考も後ろ向きになる。なぜなら、もやもやした問題に拡散させてしまうと、ごまかす癖がついてしまって、いっこうに状況が変わらなかったり、事態が進展したりしないからだ。

仕事や勉強に前向きに取り組んで、どんどんこなしていくためには、ズバッと本質をつかむ能力が必要だ。そのために効果的なトレーニング方法を一つ紹介しよう。

それは三秒以内にコメントを言う訓練だ。私のゼミでは二〇人くらいがエッセイを書いてくる。それを全員が一〇分で目を通して、三秒以内にコメントを言うという訓練をしている。

ストップウォッチで一〇分間、二〇人分のエッセイにザッと目を通したあと、私が

「はい終わり。誰かコメントを言える人？」と言って「一、二、三」と三つ数える。その間にさっと立ってコメントを言える人がいなければ、その日の授業は誰も発言できないことになっている。

そして私が一方的に話して終わってしまう。

もし学生がしゃべりたければ、三秒以内に立ってコメントするしかない。ということをやっていたら、学生たちの反応が格段に早くなってきた。

私が「一、二」と数え終わらないうちに、もう誰か学生が立っている。同時に立ったら、一瞬でも早いほうがコメントする権利を持つ。

コメントは一人二〇秒以内と決めているので、コメントを終えると、その瞬間、次の学生が立っている。

こうやって、モグラたたきのように次々と立ち続けると、七、八分もあれば、二〇人全員が一回はコメントできるようになる。

この「三秒／二〇秒トレーニング」で何が鍛えられたのかというと、本質をつかむ能力がものすごくあがってきた。あらかじめコメントすることを意識しながらエッセイを読むので、前向きな読みが可能になった。

しかも発表時間は二〇秒以内だから、いきなり本質を言うようになった。日本人特有の長い前置きをしたり、モタモタ話す習慣から逃れたり、スパッと言うことができるようになったのである。

この能力は仕事の場でもたいへん役に立つ。三秒で反応し、二〇秒で要点を述べるという時間感覚をもつことで、仕事ができる人とストレスなく話すことができる。仕事ができる人は、忙しくて時間がない。相手が素早く要点を述べてくれると、ひじょうに助かるので、その人に対するポイントも高くなる。

質問をメモしたり、コメントを考えたりしながら読む

ふだんの生活の中で「三秒／二〇秒トレーニング」をするとしたら、まずは人と対話をしながら、質問やコメントを書きとめる練習をおすすめする。

話が途切れたり、転換したりする時、すかさずメモしておいた質問やコメントを見て話をすれば、話題を回転させていける。三秒以内でスッと入れれば話の腰を折らずにスムーズである。

そして二〇秒くらいで絞り込んで話すと、かりにつまらない話でもそのていどの時

間なら人は我慢して聞いてくれる。ましてや二〇秒で要領よく練り上げた内容を話してくれると、ひじょうに感動するだろう。

その上、対話をしながら書きとめるという行為には、自分の気持ちを前向きにする効用もある。質問やコメントをするためには、ものごとを整理していく必要があるので、気持ちが整って前向きになるのだ。これを習慣にすると、対話も思考も前向きに加速していくはずである。

本を読む時も同様だ。読むというのは受動的な行為のようだが、ツッコミを入れたり、コメントを言ったりするつもりで読んでいると、積極的な読み方ができる。

読みおわったら、三秒でコメントが言えるようにしておこう。もちろんコメントの内容は二〇秒以内である。

「とても面白かったです」とか「よかったと思います」といった意味のないコメントはなしである。そのためには、読んでいる最中にキーワードや印象に残った場所を拾いだしておいて、角度のあるコメントを言うようにする。

そうすると、読むという受動的な行為も前向きになり、読書じたいが前向き思考の練習になっていく。

24

「三色ボールペン主義」でいく

同時並行でやると、一つが失敗してもカバーできる

うさぎを一羽しか追いかけていないと、逃がした時の落ち込みは大きい。でも一度にたくさんのうさぎを追いかけていれば、一羽逃がしたところで、どうということはない。たくさんのうさぎを追いかけることで、落ち込みのリスクを分散することができる。

本を出す時も、一年に一冊だと、もし売れなかった時にショックは大きいし、次の本の依頼も来なくなる。だが同時並行でどんどん出していくと、一冊が売れなくても、そのことでクヨクヨ考えている暇がない。

すぐに次の本の作業がやってくるので、仕事に追われているうちに、一冊くらいはヒットする本も出てくる。そうすると、全部成功したような気分になってくる。

作詞家の秋元康さんと話していた時も、同じようなことをおっしゃっていた。彼の場合、つくった歌詞はほとんどが売れず、ヒットしたものは何十曲に一つくらいだそうだ。でも世間の人は、売れていないものは知らない。秋元さんは同時並行で何曲も出しているので、一曲あたると、いつもヒット曲をつくっている〝すごい人〟ということになる。その評価が次の仕事につながる。

何かをやる時でも、一つに賭けるのはリスクが大きすぎると思う。そのリスクを避けるには、ある程度、並行してやっていくことが必要だろう。と言ってもふつうはあまりにたくさん同時並行はできないので、三つくらいあると理想だ。これならメインで行き詰まっても、別のものをメインにできる。

たとえば異性とつきあう時、「この人」と思う本命は一人でいいが、その人だけしかいないと、逃げられた時、心がポキッと折れてしまう。だから当面の本命のほかに、わりと安定していてうまくやっていけそう、という「まあいい感じ」の人と、結婚するかどうかはともかく一緒にいて楽しいという人を見つけておく。こうしておけば、本命に逃げられても当面はしのぐことができる。

「すごく大事」「まあ大事」「ちょっと面白い」でバランスをとる

この「三」という数字で言うと、私はつねに三色ボールペンを携行して「三色」をキーワードに仕事をしている。ボールペンの赤は最優先すべき重要な事柄、青は次に重要なものに印をつける。緑は重要ではないが個人的に興味をひかれたものにマーキングする。そして本を読む時や資料に目を通す時は、必ず三色で印をつけていく。手帳にスケジュールを書く時も同様だ。こんなふうに「三色ボールペン主義」で、

①「すごく大事」＝赤
②「まあ大事」＝青
③「ちょっと面白い」＝緑

をつねに三つそろえておくと、バランスが取れる感じがする。一つだけだとポキッと折れるが、三つあるといい意味での逃げ道が用意される。

これは仕事だけでなく、生きていくすべてのことに応用できる。本を読む時も、一冊読み終わってから次の本にいくのではなく、三冊同時並行で読んでしまう。すると、一冊くらいつまらない本が混じっても、他の二冊でカバーできるし、人の三倍の速さで知識を吸収することができる。

COLUMN

03

貧乏だからこそ前向きに生きられる
～一〇人兄弟貧乏アイドル

バラエティ番組やグラビアなどで活躍している上原美優というアイドルがいる。種子島出身のかわいらしい女性だが、家は一〇人兄弟の大家族で、ひじょうに貧乏だったそうだ。その貧乏話が話題になり、ついに『10人兄弟貧乏アイドル』（ポプラ社）という本を出してしまった。中を読むと、かなりの貧乏だったことがわかる。たとえば巣から落ちて死んだスズメのひなを、かわいそうなので埋めてやろうとすると、母親が「もったいない」と言って焼き鳥にしてしまう。食べてみたら超おいしかったというくだりは笑える。貧乏ゆえにいろいろなものの味がかみしめられるのは、考えようによってはひじょうに豊かといえる。

子育てに関してもおおざっぱで豪快だ。ある日、父親が子どもたちを海に遊びにつれていってくれた。夕方になると、父親は子どもたちを自分の軽トラックに乗せて家路に着く。ところが家に到着するころになって、誰かが一人足りないことに気がついた。浜辺に一人忘れてきたのだ。今は親子が一対一になり、手間とお金をかけて子育てをする時代だ。だがはたしてそれが幸せだろうか。『10人兄弟貧乏アイドル』を読むと、お金をかけずとも、前向きに豊かに生きる世界があることを教えられる。本の最後がほろりと来る。本人が家に仕送りをしていたお金に、親がまったく手をつけず貯金していてくれたことがわかるのだ。そこには貧乏だからこそ得られる前向きなエネルギーが充満している。

25

一日の収支決算をプラスにしておく

ゆるい基準を決めて、すべてプラスにする

前向きに仕事に取り組むには、一日の収支決算を必ずプラスにしておくといい。私は最近、そのことに気がついた。

収支決算を毎日やるようにして、手帳に「+」とか「プラス」と書いていく。「OK」でもいい。書くのがめんどくさいなら、一日の終わりに「今日もプラスだった」とつぶやいてみるのでもいい。それが一カ月続けば、すべてプラスの一カ月をすごせたことになる。一年続けば、その年は完璧にプラスの一年になる。素晴らしい！

プラスの基準はささいなことのほうがいい。仕事がうまくいったか、いかなかったかということを基準にすると、仕事でボロ負けする日もあるので、必ずしもプラスの収支決算にはならない。

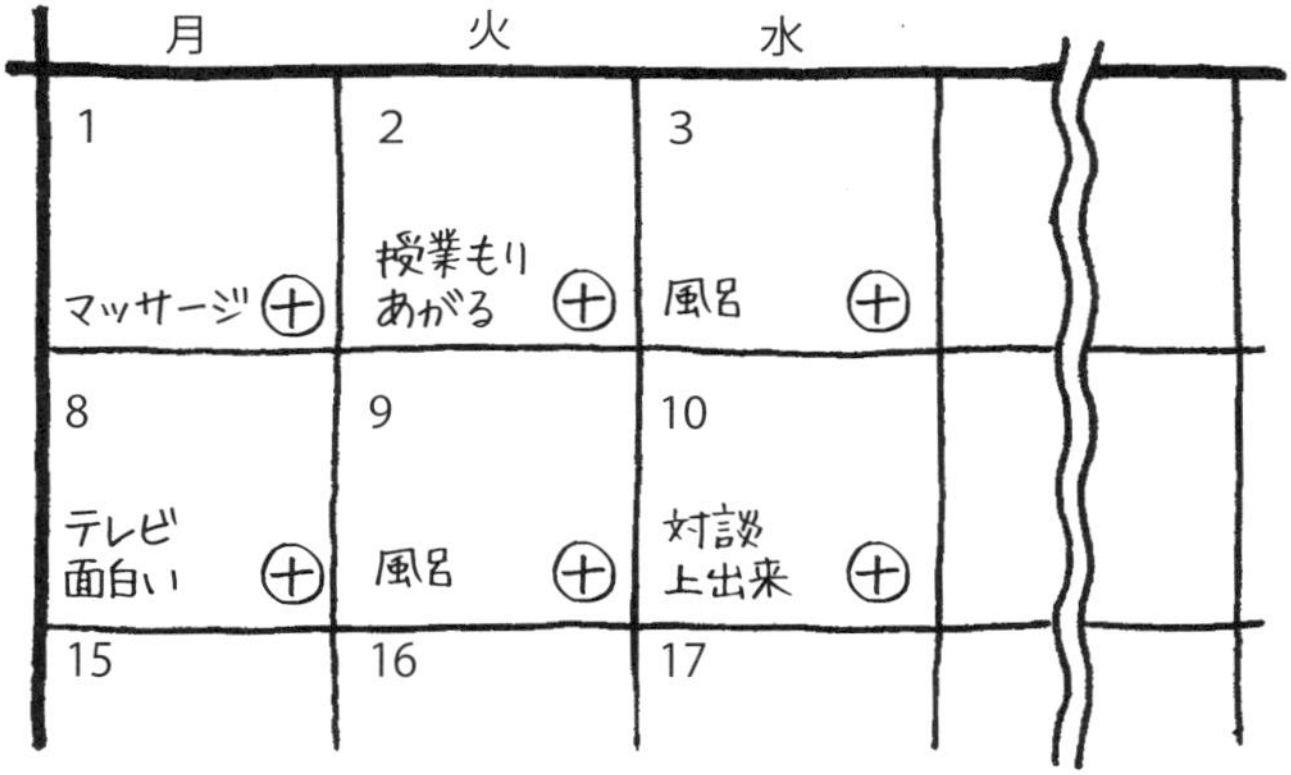
月
火
水
1
マッサージ
2
授業もりあがる
3
風呂
8
テレビ面白い
9
風呂
10
対談上出来
15
16
17

1日の収支決算をプラスにしておく

そんな大それたものではなく、酒好きな人だったら、「今日は酒が飲めたからプラス」にしてしまう。主婦なら「ティッシュが五円安く買えたからプラス」でもいいし、サラリーマンなら「いやな上司にあいさつしたからプラス」でもいい。

とにかくゆるい基準を定めて自分なりにプラスにしてしまうのだ。どうしてもマイナスしかない日でも「朝会社に行って、五時までつとめたからプラス」とか「コーヒーが飲めたからプラス」とか、最悪「生きているだけで丸もうけだからプラス」でもいいと思う。

客観的に見れば完璧に錯覚だが、自分がプラスだと思えばそれでいい。コツをつかんでくれば、毎日がプラスになる。

私の場合はマッサージが好きなので、マッサージに行けば、確実にその日はプラスになる。もっと言えば、一日の最後に風呂に入って気持ちがよければ、すべてよし。だから毎日は必ずプラスである。

そして「今日もプラスだった」「今日もプラスだった」という収支決算で毎日をしめくくるようにすると、ひじょうに前向きに一日を終え、明日に向かうことができるようになる。

26 だらつきミーティングで、やる気をプールする

友だちとつるむ時代が前向きになる基礎となる

人間は群れて生活する動物なので、一人でやる気を維持するのは厳しい。チームスポーツでも、家族でもそうだが、人と人とがからんだ時に初めて「じゃあ、がんばろうか」という前向きな気持ちになる。

しかし一人でいる状態が続くと、気持ちが落ち込んでくるだけでなく、さまざまな観点から具合が悪くなる。

「婚活」という言葉が流行したが、結婚に向かせる意欲の根に、さびしさをきらう気持ちがある。独り者の不安定さは深刻だ。現代社会は楽しみが多いので、結婚が遅くなりがちになる。しばらくは一人でいられても、四〇歳をすぎてくるとさすがに焦りだす。婚活で女性にだまされたりする独身男性が出てくるのは、そのためだ。

もともと人は誰かと一緒にいるのが自然である。年代別に見てみても幼稚園児でも人と遊びたいし、小学生はもちろん、中・高・大学生も友だちとつるんでいたい。その時代、どれだけ友だちとつるんでいられたかが、前向きな気持ちのプールになっていたと思う。

きうちかずひろさんが描いた『ビー・バップ・ハイスクール』(講談社)というヤンキー漫画があるが、この作品は人間関係の本質を知る上でたいへん優れた古典だと思う。

どこが優れているのかというと、ほとんどのヤンキー漫画は戦闘シーンが多いのだが、『ビー・バップ……』は、たいてい体育館の裏でウンコ座りをしてミーティングをしているのである。

まれにみるミーティング漫画だ。しかもミーティングの内容がものすごくくだらなくて、何も生み出さない。「何か面白いことはないのか?」ということを延々と話している。

しかしそれが後ろ向きかというとそうではなくて、彼らが集団で仲良くいろいろ話しているその姿じたいが前向きなのだ。このように、人と人とが関わることによって

26 だらつきミーティングで、やる気をプールする

だらつきミーティングはやる気のエネルギー源

生まれる「元気」のようなものは、野中英次さんの描く漫画『魁!! クロマティ高校』や、『課長バカ一代』にも共通している。徹底的にくだらない内容でも、そこに人が集まって関わることによって、生きていく元気が生まれてくるのだ。

前向き思考の母体は、必ずしも生産的でなくてもいい

この場合大切なのは、やっていることが生産的かどうかではなく、やる気の母体である。くだらない集まりでも、友だちとつるんでたむろするだけで、前向き思考をつくる母体となりうる。

女性は比較的おしゃべりが得意なので、

ガールズトークのようなだらだらしたミーティングでも、そこで元気をもらって前向きになれる。

しかし、男性は放っておくと孤独になりやすい。自分が何か達成しなければいけないという思いが強すぎるため、人間関係を二次的なものにしてしまうからだ。そのため、いったん会社をやめると、その後、会社の誰ともつき合わないとか、気がついたら友だちがいなかったというのは、よくあることだ。

男性はふだんから上手に相手を見つけたり、新しい友だちや知り合いを少しずつ増やしたりしていかないと、完全な孤独におちいってしまう。仕事の場でいうと、実力のある人は一匹狼でどんどん進めてしまったほうが楽な気がするが、ひとたび壁につきあたった時、一人で乗り越えるのはたいへんだ。

前向きのエネルギーをプールするという意味でも、純粋な仕事の話以外に、だらつきミーティングができる相手を見つけるのがいいだろう。

喫煙ルームや休憩室でくだらない話をする。一日の中にその時間をわずかでも確保しておくだけで、ちょっとした元気をもらうことができる。

27 「歯車であること」をマイナスにとらえすぎない

歯車になるのがそんなに悪いのか？

ときどき「大きな組織の歯車でいいのか？」とか、「歯車で終わりたくない」という言葉を耳にする。

たしかに自分が部品ではなく、動力そのものになって会社をひっぱっていくイメージはたいへん魅力的だ。だが、自分が動力そのものになるのはけっこうしんどいことだろう。やる気をいつもパンパンにして、前に進んでいかなければならない。少しでも気をぬいたとたん、すべてがパタンと倒れてしまう。

根本的な疑問として、歯車の一つになることがそんなにつまらないことだろうか？ というのがある。ポジティブに考えれば、自分も何かを動かす運動の歯車の一つである状態はそれほど悪くない。やってみると、けっこう気持ちがいいものだ。

1つでも欠けると
動かない
=
動けばつながる
=
やりがいがある

歯車の状態は気持ちがいい

自分が動いていることが、ほかの人につながっている。その人もまたほかの人につながっている。そして全体になるとものすごく前向きな運動をつくり出している。

たとえば時計の動きを考えてほしい。大小さまざまな歯車がかみあって、精巧に動いている。あの中のたった一つの歯車でも欠けたら、動かなくなってしまう。

高級時計は、クオーツや電波時計ではなく、手動や自動巻きだ。絶妙に歯車が組みあわされている動きが、仕事のできる人に愛されている。歯車の良さが愛されているのだ。

みんながきっちり動いている、あの整然とした連携が美しい。その中の一つになっ

27 「歯車であること」をマイナスにとらえすぎない

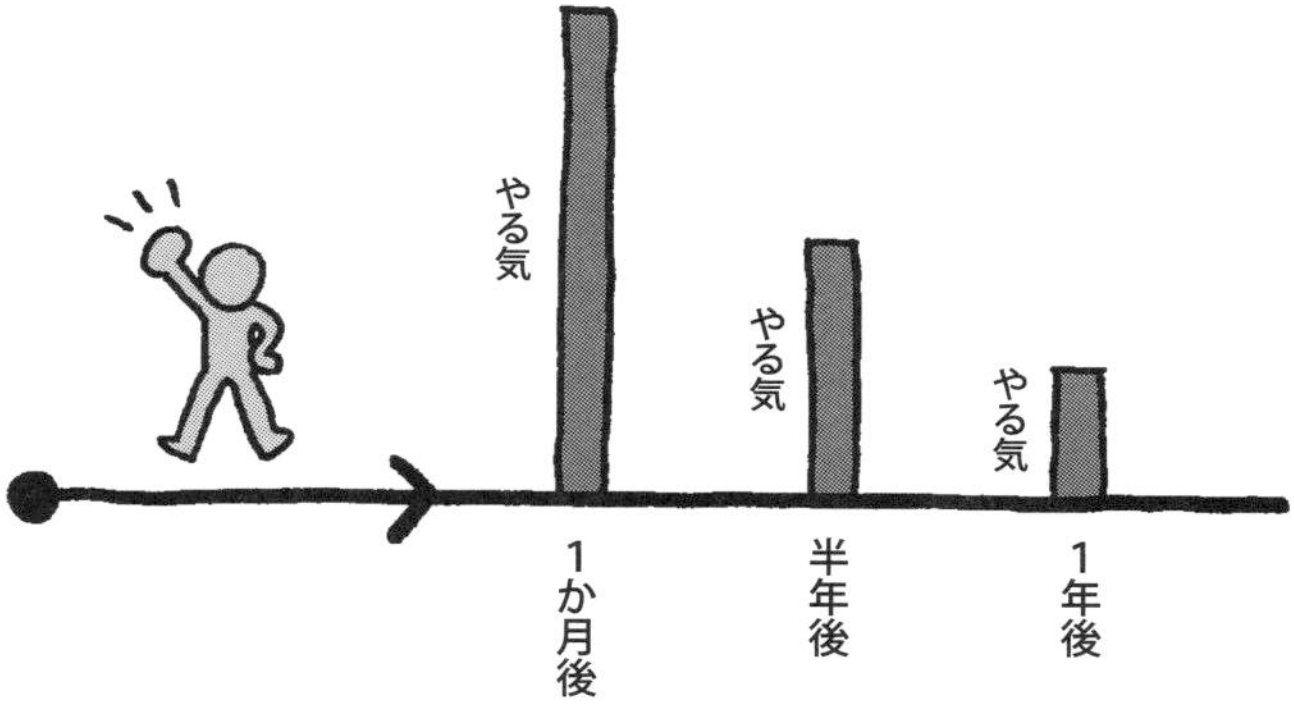

納期は短い方が実現性が高い

て、組織を動かしていくことが、それほど否定的なことなのか、と私は思う。

それともう一つは、私のような怠けものの人間は、歯車の一つになって、チームで動きださないと、いつまでたっても仕事が完成しないのだ。

私は出版業界とかかわることが多いのだが、出版業界ではみんなが納期を守らないと、本ができない。

何月に本を出すためには、逆算していつまでに印刷所に入れて、いつまでに原稿を書いて、イラストレーターの人にはここで依頼して……といったスケジュールが決まっている。

その中で、私のように意志の弱い人間や、

やる気の上下動が激しい人がいたとしても、そんなことを言っている余裕はない。本の発売日に向けて、チーム全体でどんどん動いてしまうから、やるしかない。

しかもその納期は短ければ短いほど、やる気度はアップする。期限は短ければ短いほど、実現の可能性は高まる。反対に「本はいつ出してもかまわないので、一年後にしましょうか」と言ったとたん、全員からやる気の空気がシュワ～ッと抜けていくのがわかる。

その企画は一年後にも実現しない。

とにかくチームの中に自分を組み込み、みんなで動きだしてしまえば、「やめよう」と言えないので、お互いにしばりあう。そのシステムを利用して、自分をチームの歯車の一つに組み込み、やる気のなさをふき飛ばしてしまうのも、前向きに仕事に取り組む一つの方法だ。

COLUMN

04

考え抜いて見つけたものはゆるがない～奇跡のリンゴ

木村秋則さんは、ぜったい不可能といわれたリンゴの無農薬・無肥料栽培に成功した人である。彼の成功までのプロセスを追ったノンフィクションが『奇跡のリンゴ』（石井拓治著・幻冬舎）だ。その中には想像を絶する木村さんの苦難の歴史が記されている。何度目かの無農薬栽培に失敗し、木村さんは万策つきる。「尻の底から、痺れるような焦りが湧き上がってくる」とある。そして「空が白むまでリンゴ箱に座って、考えに考え抜いても答えは出なかった」と書いている。ついには幻覚まで見るのだが、それでも木村さんはあきらめなかった。まるで禅僧の修行のように考え抜き、自分に向き合って得たものはバカになることだった。

木村さんは自分はバカだからできたというが、自分で考え抜くという作業から出てきた原理は、はてしなく彼を強くしたと言える。周囲からは気がふれたと思われ、家族も極貧の生活にあえぎながら、木村さんは無農薬にこだわり続ける。そして気が遠くなるような道のりのはてに、リンゴ畑が一面にリンゴの白い花でおおわれる場面は感動的だ。木村さんは言う。「私ががんばったのではない。リンゴの木ががんばったのだ」と。ピンチに陥った時、気分転換してやりすごすのも一つの方法だが、徹底して考え抜くやり方もある。たとえ答えが出なくても、考え抜く力それじたいを強くすることで、人は不可能を可能にする前向きなパワーを得ることができる。

28

睡眠時間を減らして仕事をすると、大きな反動が来る

睡眠は「やる気」や能率に直接影響する

寝る時間がもったいないという人がいる。私も一時期、忙しくて睡眠時間を減らしてでも、仕事をしようとしたことがあった。

馬鹿なことをしたものだ。もともと、寝るのが好きで、睡眠時間も一日八時間、できれば一〇時間はほしい人間だったのに、「睡眠は一日四時間で大丈夫」というような本を読んで、本当に睡眠時間を削って仕事をしてしまったのだ。

決定的だったのは、朝早いテレビ番組を引き受けてしまったことだ。私は典型的な夜更かし型で、朝がめっきり弱い。それなのに、夜中三時か四時に寝て、朝六時にはテレビ局に入らなければいけないという生活を続けてしまった。

これは体に無理が来るたいへん危険なことだった。案の定、私はその反動で体をこ

わしてしまい、入院するはめになってしまった。

その時美輪明宏さんに言われたのが、「寝てなかったでしょう」ということだった。「やっぱりそうなんだ」と思った。

人間というものを形成する「知・情・意・体」のピラミッドがある。生命体である人間のすべての基礎、経済用語でいうとファンダメンタルズは、このピラミッドでは「体」に相当する。

その「体」を維持するのが、食や睡眠だ。食欲については、お腹がすくと、人生をはかなむ気分になるから、しっかり食べて生命体としての自分を維持しようという話を後に述べるが（一七三ページ）、睡眠についても同様のことがいえる。

特に睡眠は、仕事や勉強を進める上で、やる気や能率にひじょうに影響する。そこを削って仕事をするのは、健康に大きなマイナスを招くだけでなく、精神的にも神経質になったり、疲れたりして、ネガティブになってしまう。

ファンダメンタルズである食や睡眠は、しっかり維持するのが基本である。

自由・快楽が大きくなると足元をすくわれる

もう一つ大切なのはファンダメンタルズと感情の関係である。

現代社会は「知・情・意・体」のうち「情」の部分が肥大化している。なぜなら私たちは昔に比べて自由や快楽を求めすぎるからだ。これが昔、たとえば江戸時代を例にとると、自分が誰と結婚するとか、どんな職業につくという自由さえもなかった。とりわけ武家では、感情コントロールを幼い頃から教育されているので、感情世界のブレがひじょうに小さかった。

その時代に比べると、今は自由でいいと言えるかもしれないが、逆に野放しになった感情に足元をすくわれる面もある。

肥大化した「情」をコントロールできなくなって感情の世界が「意志」や「体」に影響するようになっているのだ。

「今日はいやなことがあったので眠れない」とか「食べられない」というのはその典型だ。その回路を意識して断ち切らないと、ピラミッド全体がくずれてしまう。

「あいつが嫌いだから」という感情の世界に流されて、知的な判断が鈍り、否定的な意見を言ったり、相手を嫌うあまり体の調子がおかしくなったりする。

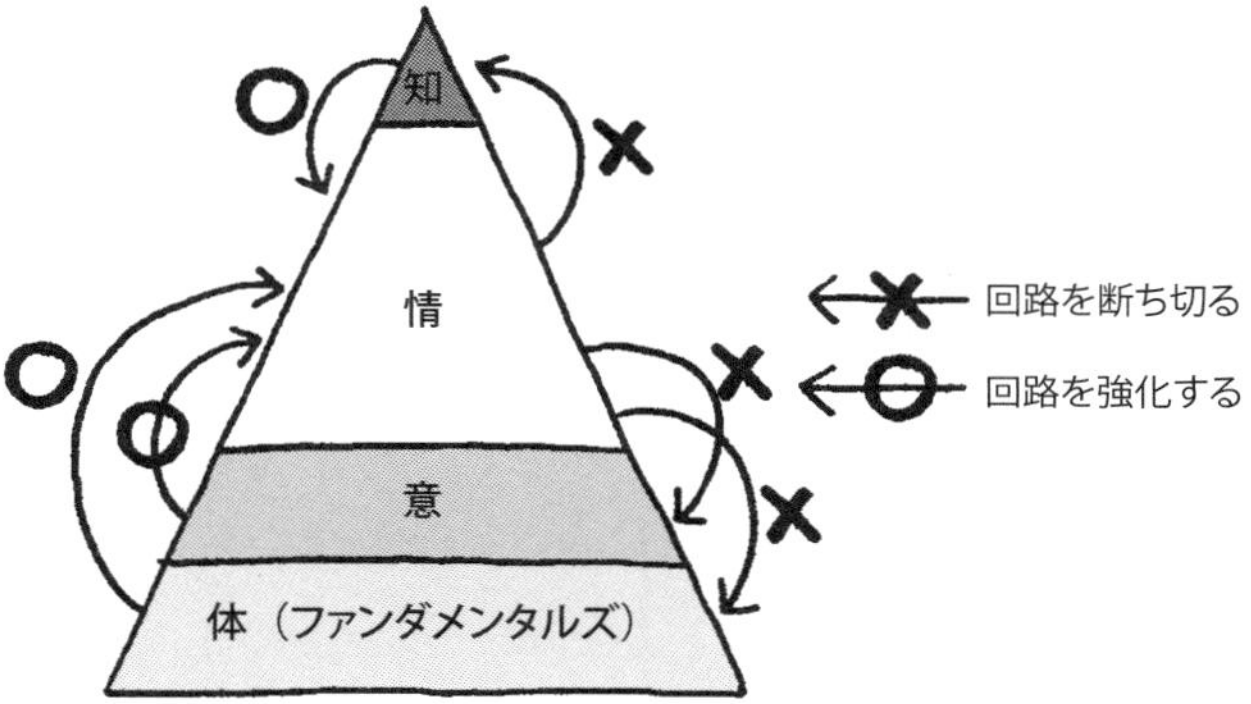

肥大化した「情」の暴走をさけるしくみ

それは明らかに肥大化した「情」の世界に、「知」も「意」も「体」も影響され、振り回されている状態だ。

それをさけるためには「情」から「知」や「意」や「体」に向かう回路を断ち切り、反対に「知」や「意」や「体」から「情」へ向かう回路を強化しなければならない。

つまりファンダメンタルズである「体」を維持するために、食や睡眠をしっかりとって、体調を整え、感情をコントロールするのである。

そうしなければいい仕事はできない。

29

覚悟を決めたほうが、楽に取り組める

「無理」と思うことでも「覚悟」の力で乗り切る

仕事でも勉強でもそうだが、できるようになろうと思ったら、「素直さ」と「覚悟」が大事だ。素直さがないと学べない。しかし素直なだけで、覚悟がないと身につかない。特にこの「覚悟」に当たる部分が大切である。

私は先日、一〇〇〇人の高校生に、二人一組になってもらい、「英語だけで一〇分会話する」という課題をいきなり与えてみた。過去完了や関係代名詞など難しい文法はいっさい使わない。英語が苦手な人は、“Yes !”“Good !”“Me, too”だけ、あるいは“Oh !”やおうむ返しでもいい。とにかく日本語はぜったいにしゃべらない。

「できますか?」と聞いたら、ほぼ全員が「できない」「無理」と答えた。そこで最初は敷居を低くして、「一分だけ英語で話す」ということにした。それでも八割の生

1000人の高校生が
英語を話している
Me, too!
Oh!
Yes!
Good!

「敷居を低く」＋「覚悟を決める」の組み合わせ

徒は「無理」という雰囲気だった。

そこで私がやったのは、まず「ぜったい日本語は話さない」という覚悟を決めてもらった。どんなに低レベルの英語でもかまわない。だが一分間だけ、日本語はぜったい話さないことにする。

敷居はかなり低いはずだ。そのかわり、覚悟を決めてもらったのである。そして一分間だけ、一〇〇〇人全員が英語で話すという課題をやりとげてもらった。するとさきほどと空気がガラリと変わった。

一分前までは、「英語で話すなんてぜったい無理」という雰囲気だったが、今度は日本語をしゃべるのはおかしい、という空気に変わった。そうなると、恥ずかしくて日本語が話せなくなる。

空気の力はひじょうに大きい。その空気をつくるために覚悟を決めさせるのである。ふつうは覚悟をすると疲れるような気がするが、それは間違いだ。覚悟を決める、つまり開き直って、空気をつくってしまったほうが楽になる。

そして目標を低く設定して、挑戦してみる。低い目標がクリアできないのは、覚悟が足りないからで、そこを覚悟の力で乗り切ってしまうと、「なんだ、できるじゃん」と自信がついて、次の段階に踏み出せる。

そして今度は一分ではなく、三分、五分というように、英語で話す時間を長くしていくと、ついには覚悟を決めた一〇〇〇人の高校生が、一〇〇〇人全員完全に英語だけで一〇分もたせるという〝偉業〟をなしとげたのである。

仕事や勉強をする時、

「敷居を低く」＋「覚悟を決める」

の組み合わせでやってみると不可能と思われた目標も可能にしていくことができる。

30 目標は低く、イメージは高くする

高い目標は気持ちを後ろ向きにする

高いモチベーションを持って仕事をするには、目標を掲げることが大切だが、高い目標を持ちすぎてしまうと、逆に「とてもできっこない」と後ろ向きになってしまう。だから、

①「目標は低く」
②「イメージは高く」

が大事だ。わかりやすく言うと、最終目標は高くていいが、当面の目標は敷居をものすごく低くしておくのだ。私はこれを大学の授業でも実践している。

ある時、ドイツ語の教師になりたい学生たちを対象にしたクラスを受け持った。私がドイツ語を教えるのではなく、授業のやり方を教えるのだ。

学生たちに要望を聞くと、「ドイツ語で自由に会話ができるようになりたい」と言うので、高い目標、つまりイメージは「ドイツ語で自由に会話」に設定した。

しかし学生たちはドイツ語やドイツ文学の知識はあっても、会話になると、その機会がないのでほとんどできない。知識が一〇〇だとすると、そのうちの一〇も出せない。インプットはあっても、アウトプットができないのだ。

そこで当面の敷居が低い目標として、「ドイツ語であいづちをうつ」を設定した。英語の"good"や"wonderful"に相当するドイツ語として、「グート(gut)」「ブンダバー(wunderbar)」「トル(toll)」など一〇種類くらいのあいづちがある。

とりあえず、あいづちだけはドイツ語でして、会話の雰囲気を出そうということになって、私が何か言うと瞬時に「グート」「ブンダバー」が返ってくるような練習をした。たとえば「宝くじに当たっちゃったよ」と日本語で言うと、すかさず「ブンダバー」とドイツ語で返す。

七五分間すべてドイツ語の授業が成立したわけ

それに慣れてきたら、今度は英語の"Me, too(私も)"に相当するドイツ語の「イ

ッヒ　アオホ（ich auch）」を返して、付和雷同していく練習をした。いわゆる「ミー・トゥー練習法」だ。相手が何か言ったら、「私も、私も」という感じで「イッヒ　アオホ」を連呼すると、とりあえず場が盛り上がった。

そして次のステップとして「ドイツ語版偏愛マップ」をつくった。自分のマップについては「これが好き」「ここが好き」という簡単な説明のドイツ語ができるようにしてくる。

そして一人一〇分ずつ自分のマップをドイツ語で紹介し、聞くほうは「イッヒ　アオホ」とか「ブンダバー」というあいづちを中心に会話するようにした。

すると、五人のグループで七五分間、全員がドイツ語だけで会話するという奇跡の授業が成立した。外から見た人はびっくりするだろう。

私もうれしくなって、「君たち、スターバックスへ行って、ぜひこれをやってきなさい。ドイツ語で延々と話している人たちなどぜったいいないから」と学生たちをけしかけてしまった。

最初から「ドイツ語で会話する」という高い目標に挑戦せず、あいづちを打つという低い敷居から始めると、前向きなモチベーションが維持されるので、高い目標に近づくことができる。

ドイツ語のクラスで成功したので、後日、今度はフランス語のクラスでも同じことをやってみた。このクラスでは、ドイツ語のクラスでやったことに加えて「おうむ返し会話法」も試みてみた。

誰かが「宝くじに当たったんだ」とフランス語でいうと、「宝くじに当たったたの?」とおうむ返しする。「そうだ、当たったんだ」と返していくということを三、四回往復していくと、「くじが当たった」というフランス語が身についていく。

あるいは「ディズニーランドが好きなんだ」「ディズニーランドが好きなの?」「私も、私も」「ディズニーランドのスプラッシュマウンテンが好きなんだ」「ディズニーランドのスプラッシュマウンテンが好きなの?」……という感じで、新しい単語を交えつつ、会話を少しずつズラしていく。

たまたまこのクラスをフランス人留学生が聴講していたのだが、ちゃんとフランス語のおしゃべりになっていた、と感心していた。

アウトプット>インプット=自信の法則

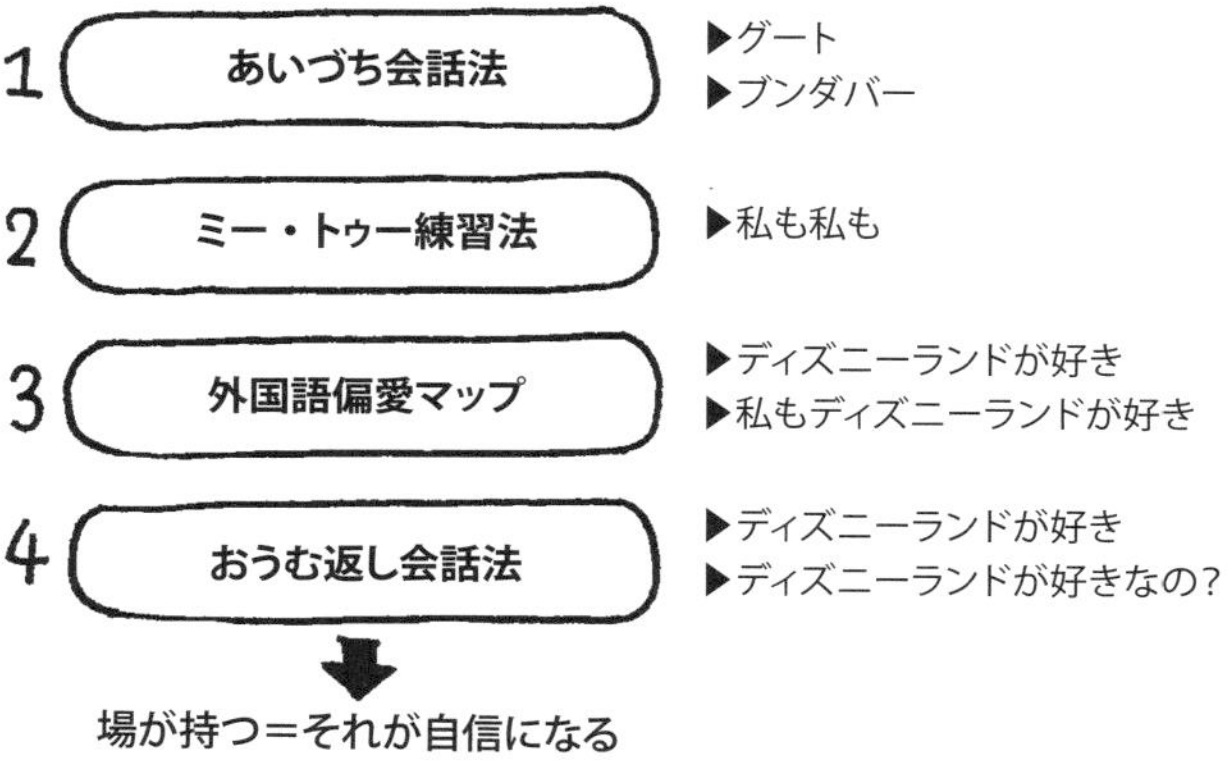
1 あいづち会話法
▶グート
▶ブンダバー
2 ミー・トゥー練習法
▶私も私も
3 外国語偏愛マップ
▶ディズニーランドが好き
▶私もディズニーランドが好き
4 おうむ返し会話法
▶ディズニーランドが好き
▶ディズニーランドが好きなの?
場が持つ＝それが自信になる

敷居を低くする外国語会話マスター法

結局、私たちが外国語の会話に後ろ向きになっていたのは、アウトプットができなかったからだ。インプットだけでは自信にならない。インプットの量をいくら増やしても、アウトプットの量が増すとは限らないし、逆にむだが高じるだけだ。

せっかく買ったのに、タンスの肥やしになっているブランド物の服のようなものである。でもそれを着て外に出ると、自信がついてほかの服も着たくなるし、新しい服もほしくなる。

私たちはとかくインプットを優先しがちだが、前向きに目標に向かって取り組むには、アウトプットのほうが大事である。敷居を低くすることで、そのアウトプットが可能になる。

ついでに言っておくと、習い事系もこのアウトプットを意識することで、長続きして形になる。たとえば今はダンスを始める人が多くて、私の周りでもベリーダンスを始めた人がいる。

しかしベリーダンスを人に見せる場面は極端に少ない。腰がキュッとしまったり、贅肉がとれたりして、健康にもひじょうにいいらしいが、アウトプットする場が少ないので、続かない人も多い。そこでそのクラスでは定期的に発表会の場をもうけて、そこに向けてがんばるようにしたという。

アウトプットの場が設定されると、自己表現できるので気持ちがいい。その結果、もっとやってみようという前向きな気持ちになる。

こんなふうに習い事系は何かしらアウトプットできる場をもうけるといい。うまい下手にかかわらず、自己表現できることが楽しさにつながり、もっとやりたくなって、結果的に上達していく。

31 リスペクトしている人の姿に、自分をアイコラする

浴びるほど、くり返し見てイメージする

自分が目標とするものを鮮明にイメージすると、だんだんそれに近づいていくというのは成功法則の王道で、いろいろなところで実践されている。

スポーツの上達法で言えば、ベストなプレーやフォームをしている自分の姿をくり返しイメージするトレーニング法が有名だ。成績を伸ばしている一流選手の中には、このイメージトレーニングを導入しているアスリートが多い。

同じように仕事においても、すでに達成している自分や成功している自分をイメージして、目標に近づく方法をとる人もいる。

そのイメージはクリアになればなるほど、成功の確率が高まると言われている。しかしこの方法の欠点は、誰もが鮮明なイメージ力を持っているわけではない、という

点である。明確な像を描くには、集中力やセンスが必要だ。私のように落ち着きのないそわそわした人間は、一点に集中してひたすら「ベストの自分」をイメージし続けるのは無理である。

そこで誰でもクリアにイメージできる方法として、「アイコラ方式」をおすすめしたい。アイコラというと、アイドルの顔にヌード写真などを組み合わせる、いかがわしいものを連想する人もいるかもしれないが、私が言っているのはそういうものではなくて、理想とする人の顔の部分だけ、自分と入れ換えて、ほとんど自分だと思ってイメージすることだ。

たとえば、「こんな人になりたい」という理想の人やリスペクトする人がいたとする。その人の書いたものや、あるいは目の前にいれば実像でもいいのだが、浴びるほど見たりふれつづけたりして、表情や話し方、行動様式など、なりきって真似てみるのだ。

とにかく一定量を超えて、浴びるように見続けると、それがしみ込んでくる。つまりアイコラ状態に入ったと言える。するとあたかも自分がリスペクトする相手のようにふるまっている錯覚にとらわれることがある。ここまで来れば、しめたものだ。自分の仕事にもかなりいい影響があらわれてくるはずだ。

32 影響されやすい自分をつくっておく

オーバーラップ方式で業種を乗り越える

アイコラする相手は違う業種の人でも大丈夫だ。くり返し見ていると、自分の仕事にオーバーラップされてくる。私の場合、ミュージシャンを見て自分の仕事のイメージにオーバーラップさせることがある。

矢沢永吉や井上陽水、ミスター・チルドレンのライブコンサートを見に行って、業種はまったく違うのだが、「あの年になっても、あんなにピュアに仕事ができるのだ」とか「これだけの日数しかなくても、あそこまで仕上げてくるのだ」というのを見るだけでも、自分自身にオーバーラップさせて、将来に希望がわく。前向きに仕事に取り組もうという気持ちになってくるのだ。

その時気をつけたいのは、たんなる聴衆としてうっとり音楽を聞くのではなく、あくまでも相手に自分をアイコラさせることだ。

ミスター・チルドレンの桜井和寿さんが「君が好きだ」「ダーリン」などと歌っているのを聞いて、自分に言われているように感じて恋愛モードに入るのは、ファンの聞き方であって、桜井さんにアイコラさせていることにはならない。そうではなくて、ミュージシャンとして仕事をしている桜井さんになったつもりで、彼の立場で音楽を聞く。

すると「こんなプロ意識で仕事をしているのか」といった、業種をこえたオーバーラップ現象が起き、それが自分に影響を与える。その状態で自分の仕事に取り組むと、ひじょうに前向きに、いい感じで進めていくことができる。

たとえば私はサッカーのＦＣバルセロナ（愛称はバルサ）というチームが好きなのだが、それは小気味がいいほどパス回しが速いからだ。日曜日の深夜、バルセロナの試合を見ると、月曜日のゼミできまってそれを実践したくなる。

先に紹介した「三秒／二〇秒ルール」（ゼミでの発言は最大二〇秒まで。発言と発言の間を三秒以上あけてはいけないことにして、次々とコメントを要求する）は、バルサの試合を見た翌日に思いついた。とにかくボールをすぐ手放して、パス回しを速くしろ、という授業の雰囲気はまさにバルセロナのそれである。そのイメージは会議にも使える。「球ばなれを速くする発言」というルールを決めておくと、ひじょうに効率のいい会議の進行ができる。

「動きの質」を真似ることが大事

ここで誤解がないように言っておきたいのだが、アイコラしたり、オーバーラップさせたりするイメージは、写真や絵のように静止した像ではない。

よく「成功のイメージ」というと、片手にワイン、片手に葉巻を持って、ヨットに乗っている図を想像したりするが、そういう表面的なものではなく、もっと動きのあるものだ。つまりアイコラすべきは「動きの質」のようなものだ。

その人がこのように行動しているとか、こんな表情で生きているとか、人との関係においてこんなことをするとか、こんな心意気であるというものに心を動かし、そこに自分の姿を重ね合わせるのが正しいやり方だろう。

たとえば日本ハムのダルビッシュ投手が、二〇〇九年の日本シリーズで巨人と対戦し、見事おさえきったことがあった。その時ダルビッシュは故障していて、速いストレートが投げられない状態だったが、縦に落ちるカーブを工夫して投げきった。

彼は西武の岸投手からそのカーブを学んだという。岸が、巨人に対して縦のカーブでタイミングを狂わせて投げている映像をユーチューブで何度も見て研究したのだ。

そしてダルビッシュは岸とはまったくタイプの異なるピッチャーだったが、違う投手のイメージを自分の中にオーバーラップさせ、アイコラすることで試合を投げきった。

ダルビッシュの試合から何を学ぶべきかと言うと、勝った、負けたは関係ない。そこで何が行われていて、どんな意識で進んでいたかということに自分自身をオーバーラップさせ、自分の仕事に影響を与えていくことである。

「得意球のストレートが投げられないダルビッシュ」のように、今の自分もピンチだとすると、その時「とにかく工夫して乗り切るのだ」という姿勢を学びとってほしい。

フロアではなく、厨房に身を置こう

そのために大切なのは、「影響されやすい自分」をつくっておくことだ。他人にすぐ影響されるのは、悪いことのように受け取る人もいるが、必ずしもそうではない。

私自身について言うと、小学生のころから何にでもすぐ影響される子だった。当時

目標とする人の姿に、自分をアイコラする

は沢村忠というキックボクサーが有名だったが、わたしはテレビで沢村の試合を見るとすぐ興奮して、真空跳びヒザ蹴りの練習を始めた。

ふとんを丸めて、そこに蹴りを入れる。まさに絵に描いたような影響されやすい子どもである。

あの真空跳びヒザ蹴りの練習が、今の人生にどう影響しているかわからないが、「すぐ影響される自分」は今もそのままである。

ふだんの生活でも、影響されないともったいない気がしている。たとえば効率的なノートの取り方やスケジュール管理の方法が雑誌にのっていたとする。「これはいいかもしれない」と思ったものはみんな実行してみて、一つ、二つ残るものがあれば、自分のスタイルになる。もうけものだ。

おそらく世に出ている人は、何かしらの前向きなところを持っているはずだから、その人たちのいいところを受け取り影響を受けるのは、プラスこそあれ、マイナスにはならないはずだ。

ただ一つ注意したいのは、さきほどのくり返しになるが、ヨットに乗って葉巻をふかしている姿に影響を受けるのではない。

その人の仕事のやり方や動き、心のもちように影響を受けるのだ。

料理で言うと、完成された作品を真似するのではなく、厨房での仕事のやり方、下ごしらえの仕方、食器の置きかた、人員配置など、舞台裏の工夫に焦点を当てるべきだ。フロアではなく厨房こそが、影響を受ける場所である。

33 ごほうびはモチベーションアップにつながるが、やりすぎはダメ

自分へのごほうびは自己愛の裏返し

アテネオリンピックの女子マラソンでメダルをとった有森裕子さんがゴールした時、感想を聞かれて、「初めて自分で自分をほめたいと思います」という有名な言葉を残している。

自分に対してごほうびをあげたり、自分をほめたりするのは、前向きのモチベーションを高めるうえでひじょうに大切なことだ。何かを達成した時、自分自身に対してごほうびをあげると、またがんばろうという気になる。

だが大切なのは、しじゅうほめすぎないことである。有森さんのコメントも「初めて自分で自分をほめたい」の「初めて」というところがポイントになる。

しょっちゅう自分にごほうびをあげすぎるのは、精神的に自分を甘やかし、弱くし

てしまう。何かというと「ごほうび」だといって、高いブランド物を買いあさったり、ぜいたくな海外旅行にひんぱんに出かけたりするのは、明らかにごほうびの域を超えている。

ぜいたくなごほうびがないと生きていけないのは、自己愛が強すぎる証拠だ。西郷隆盛は人間がダメになる原因は自己愛だと言っている。自分をかわいがりすぎると、かえって脆くなってしまうから注意しなければいけない。

かつての日本人は自己愛が希薄だった。だからストレスが多い状況でも、タフに生きられた。

たとえば西郷隆盛が生きた幕末は、現代と比べるとひじょうにストレスの量の多い社会だったと思う。まるで雑菌だらけの中で暮らしているようなものだ。

だがこのころの日本人には自分を甘やかしたり、かわいがったりする自己愛が希薄だったので、ストレスに対する免疫力が高く、簡単には心が折れなかった。

何かというと「ごほうび」「ごほうび」と言って、ぜいたくなプレゼントをして自分を甘やかすという回路をつくると、かえって精神が弱くなる。やりすぎない、ちょうどいいバランス地点をみつけることが大切だ。

34 ささやかなごほうびを、新しいスタートに結びつける

ごほうびと貧乏性をセットにする

ごほうびはやりすぎないことが大事だ。だがちょっとしたささやかなごほうびなら、回数が多くても、心がホッとなごんで、前向きな気持ちになれる。

ふだんもりそばを食べている人が、「今日はこれだけがんばって仕事をしたのだから、天ぷらそばにしよう」と言って、昼食を少しだけグレードアップする。

あるいはいつも飲む栄養ドリンクより、ちょっと高めの朝鮮ニンジン入りを買って飲む。その程度のささやかなごほうびは、心のおやつのように気持ちを盛り上げてくれる。

私はささやかなごほうびは、わりと自分によくするほうだ。そしてごほうびをしたあとは、必ずその元をとろうとする。

たとえばふだんはコーヒー一杯二〇〇円の喫茶店に入っているのだが、自分へのごほうびでコーヒー一杯六〇〇円の高い喫茶店に入ることもある。

当然コーヒーはおいしいし、ソファーも座り心地がよくて、ひじょうにリラックスできる。だが貧乏性の私は、そこでくつろいでしまうのではなく、高いコーヒーの元をとろうとして、すぐに新しい企画を考えはじめてしまうのだ。

つまり「自分にごほうび」の裏に「貧乏性」がセットになってくっついている。これは考えようによっては、過剰に自分を甘やかさないために、ひじょうにいい制御装置になっている。また「元をとる」ために何かを始めるのだから、前向きな推進力にもなる。

こんなふうにごほうびを新しいスタートに結びつけると、ただぜいたくして自分を甘やかし、脆くしていくごほうびとは違って、前向きな効用が生まれる。

拍手はみんなが前向きになる心のごほうび

この前向きなごほうびとしては、「物」ではないが、拍手もいい。何かを達成した時、本当はうちあげをすればいいのだが、その余裕がない場合は「みんながんばった

34 ささやかなごほうびを、新しいスタートに結びつける

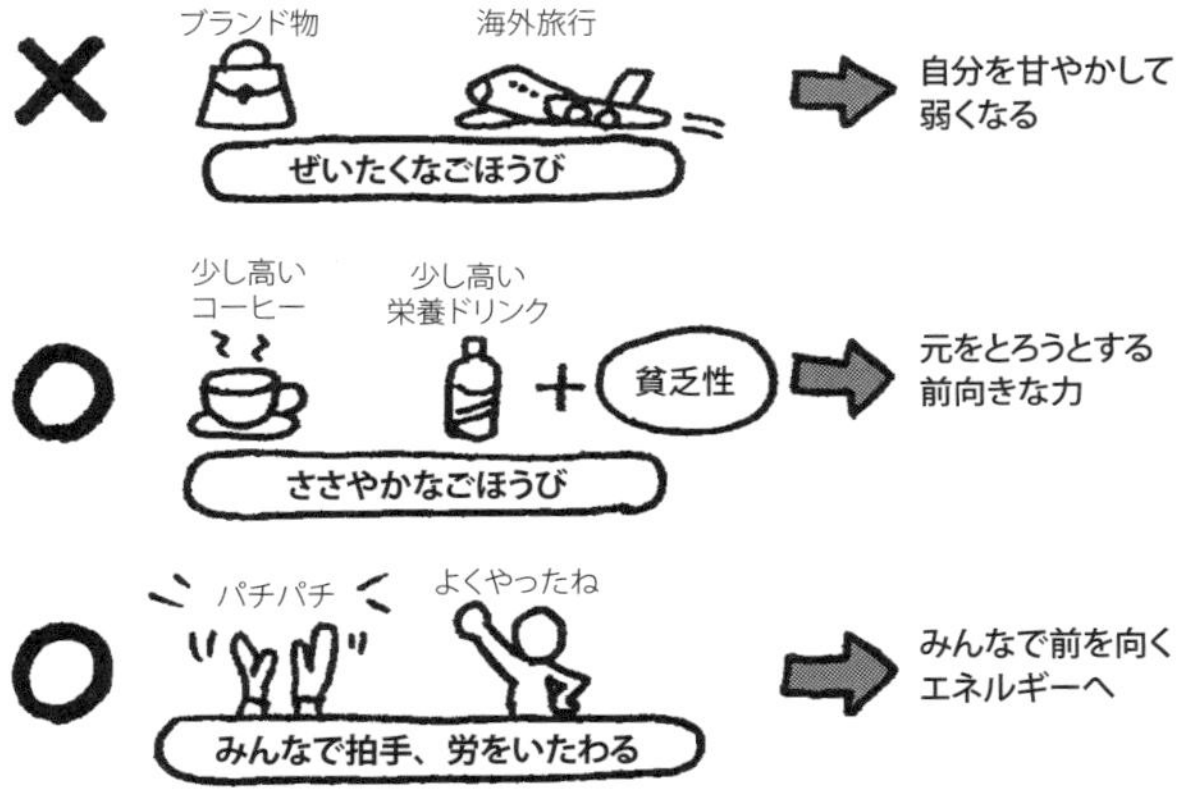
×
ブランド物
海外旅行
ぜいたくなごほうび
自分を甘やかして弱くなる
○
少し高いコーヒー
少し高い栄養ドリンク
＋
貧乏性
ささやかなごほうび
元をとろうとする前向きな力
○
パチパチ
よくやったね
みんなで拍手、労をいたわる
みんなで前を向くエネルギーへ

ごほうびの上手なあげ方

ね」という意味で拍手すると、簡単なごほうびになる。

オーバーに言えば、仕事を祝祭にしてしまう感じだ。お互いに拍手をしたり、労をねぎらったりすることで、感情が一つにとけあい、前向きになるエネルギーが加速する。ちょうど〝心の慰労会〟のようなものである。

自分にばかりごほうびをあげていると、心が閉じていってしまう面もある。だから共有できることは一緒に祝う。

それがみんなのごほうびになれば、一緒にやっていこうという強大な前向きのエネルギーに変わっていく。自分もその渦に巻き込まれれば楽である。

COLUMN

05 「今」に自分を置き、スランプを抜け出す〜宮里藍

プロゴルファーの宮里藍は二〇〇七年夏、絶不調におちいった。それをどうやって抜け出したのか。彼女の『I am here.』(角川SSC新書)には復活するまでのいきさつやゴルフにかける思いなどがつづられている。意外だったが、彼女は人一倍心配性でとり越し苦労をするタイプだったという。試合が始まる前から、ミスをしたらどうしようと未来を暗く考えていたらしい。少しでもいやだと思うと、体も反応する。そして本番になると、体がこわばって、「練習場とはまったく違うスウィングをしていた」そうだ。彼女はスランプにおちいって、ようやく自分の性格に気がつく。先走りして考え、未来をネガティブに考えるだけでなく、周りから見られていることも気にして、マイナス思考になっていたのだ。ある日、そういう心配性の自分を笑い飛ばすような出来事が起きる。試合中、キャディに「未来が心配でどうしようもない」と言うと、キャディは「アイ、ボールは今、ここにあるんだよ!」。そのひと言で彼女の緊張がゆるみ、気持ちを切り換えることができた。彼女は言う。「過去でも未来でもない、「今」に自分を置くこと。これがナイスショットを紡ぎ出すための大きな鍵です」。欧米人に比べて日本人はとり越し苦労をしやすいといわれているが、つねに「今」に自分を置くことで、後ろ向きの思考を前向きに転換させることができる。つねに「今」を生きることは、禅の精神のエッセンスでもある。

35／48

第三章

落ち込んだ時の脱出法

35

優れた芸術作品にふれることで、気分を浄化する

芸術は気分を表現しつつ、気分を把握するもの

何かに落ち込んで、マイナスの気分になった時、脱出法の王道は、それを形にして表現してしまうことだ。つらさや悲しさに飲み込まれ、翻弄されるのではなく、それを表現してみる。すると気分が変わってくる。

ベートーベンは悲しみやつらさの感情を『悲愴』、弦楽四重奏曲第一四番、一五番といった音楽で表現した。ベートーベンは耳が聞こえなくなるなど、自身にもつらいことがたくさんあった。だがその悲しみを音楽として表現したことで、浄化し乗り越えることができたのである。

作品として表現されたものは、すでにそうした表層の気分を乗り越えている。だから私たちはそれを見たり、聴いたりすることで、私たち自身の気分を変えることがで

きる。

ムンクの『叫び』を見て、絶望的に気分が落ち込む人は少ないだろう。むしろ「あんなふうに叫びたくなることがある」と感じて共感することで、自分の気持ちを外側から認識してつかむことができるようになる。芸術の効用はそこにある。私も不条理な目にあった時、あの叫びのポーズを自分でマネしてやってしまうことがよくある。すると、気分がちょっと楽になる。

つまり芸術とは気分を表現しつつも、気分をしっかり把握できるようにしてくれるものだ。やりきれない気持ちがあったとして、そのやりきれなさや、もがいている感じを代弁して、芸術的な作品に表現してくれる人がいると、自分自身のやりきれない気分も浄化される。

自分自身は芸術的な表現ができないとしても、そのような作品にふれることで、「代わりに言ってくれたのだ」というスッキリした気分になり、気持ちが昇華できる。

太宰が代弁してくれたので、明るく生きられる

先日、授業で太宰治のいろいろな作品を大学生たちに読んでもらった。その時学生たちが口々に言ったのは「太宰は自分の代弁者みたいだ」ということだ。

「自分は言葉で言えなかったが、太宰も同じような気分を抱えていたことがわかった。太宰のようにここまで言ってくれると、なぜかスッキリする」と言うのである。

太宰の作品を読んで暗くなるのではない。あそこまでつきつめて作品化してくれたことで、作品の中では浄化が行われているので、たんなる愚痴を言われているのとは違うスッキリ感がある。

それが自分の代弁者だと感じた時は、もう自分の心は楽になっている。それくらい芸術的表現は前向きである。

太宰治のように最終的に自殺してしまったとしても、その自殺は、よりよいものをつくりたいというものすごく前向きな姿勢のはての結果だから、単なる弱さから絶望して死んだのとはわけが違う。

より高いものをめざした人が命懸けで示した表現であれば、たとえ内容が後ろ向きであっても、作品は前向きに生きた人間の一つの形として、私たちを勇気づけてくれる。私たちはそれを遺産として受け継ぎながら、前向きに生きるパワーに変えていける。芸術作品が時代を超えて生き残っていくのは、そうした効用があるからだ。

36 もっとすごいつらさを見ることで、気分を浄化する

西洋社会のパワーの源はキリストの受難

前向きパワーに関して言うと、西洋社会があれほどまでにパワフルで前向きさをもって、世界を圧倒した要因はいくつかあるが、その大きな柱の一つがキリスト教である。

言うまでもないが、キリスト教は世界中に広がり、文化を発展させて、強大な国力をつけることに貢献した。

その大元にあるのはイエスのはりつけである。イエスの受難があるからこそ、人々の心が一つにまとまった。なぜかと言うと、イエスの受難を通して、人々はそこに自分たちのつらさより、もっとすごい形のつらさを見たからである。

自分がつらさに直面している時、人はそれが世界で一番つらいことだと思ってしま

う。たとえば就職に失敗したり、試験に落ちたり、失恋したりして落ち込んでいる時、自分は世界一不幸せな人間に思えてしまう。

しかし、ひとたび世界に目を転じてみるといい。

世界には戦争で家族を失ったり、飢えて生命の危機に瀕したり、学校に行けない人たちがたくさんいる。そういう人たちと比べると、日本に生まれた自分はどれほど幸せなのか、あらためて気づかされるはずだ。

雨露をふせぐ家があり、温かい寝床があり、食べ物と安全がある。それだけで、どれほど恵まれているのか。

すると、落ち込んだ気持ちなど、ちっぽけなものだったことがわかる。そして気持ちが浄化され、前向きに生きるパワーがわいてくる。

イエスは心の浄化装置

西洋社会はこの世の罪をすべて背負ってはりつけになったイエスのつらさを見ることによって、自分たちのつらい気持ちを浄化し、前向きな力に変えていった。

イエスがすべての罪やつらさを一手に引き受けてくれたという思いがあって、その

36 もっとすごいつらさを見ることで、気分を浄化する

罪の意識をイエスを通すことで浄化できるので、一種の「心の浄化装置」のようなものができあがったのである。

西洋のパワーの強さはそこにある。

もちろんキリスト教が心の重荷になることもあったろうし、ニーチェもそれを批判している。

それでもバッハの『マタイ受難曲』のようなものを聴いていると、気分が高揚するだけでなく、確実に浄化されていくのを感じる。キリスト教と高い芸術音楽とが一体となった無敵の浄化装置だから、どんな気分もたちどころに浄化してしまう。

あの強力な浄化装置の大元は、はりつけになったイエスのはかりしれないつらさや痛みである。強い感情や情熱といった意味を持つ〝passion〟という言葉は、頭文字が大文字の〝Passion〟になると、キリストの十字架上の受難を意味する。受難＝情熱という図式は、強力だ。

自分よりもっとつらい思いでいる人たちを見ることで、人は自分のつらさを相対化し、気分を浄化させて、前向きになることができるのだ。

37

自分で表現して、気分を浄化させる「カラオケ方式」

呼吸が入れ替わる歌は気分浄化にぴったり

落ち込んだ気分を変えたり、つらさや悲しみを浄化したりするには、その気分を代弁する優れた芸術作品を鑑賞するのが一番いいのだが、自分自身が気分を表現してもいいだろう。

歌を歌うのは、その表現の一つだ。そもそも歌の歌詞じたいが気分を表現するものだから、気分を浄化するにはうってつけである。

ほとんどの歌詞が表現しているのは、つらいとか、悲しいとか、いとおしいといった情動である。思考の論理や考え方を表現している難しい歌詞など見たことがない。

気分の表現であれば、歌うだけで気持ちがシンクロし、浄化される。

さまざまな気分に応じて、いろいろな歌が歌えるカラオケは、さしずめ気分の浄化

37 自分で表現して、気分を浄化させる「カラオケ方式」

槽のような存在である。

実際、カラオケで歌ってみると、呼吸が入れ替わるので気分も体もスッキリする。何しろ聴くだけでなく、自分も歌えて、しかも機械の助けを借りてプロのように気持ちよく歌えるという画期的な装置だ。

気分が落ち込んだ時、試しにカラオケで歌いまくってみるといい。または自分の部屋で窓を締め切り、音が漏れないようにして、思い切り歌ってみる。それだけでかなりの気分転換になるはずだ。カラオケの発明は、世界中の人々に気分転換の強力な道具を与えたという点では、ノーベル賞級の貢献度ではないだろうか。

表現するという意味でいうと、自分で小説を書いたり、俳句や短歌をつくってみたりするのも気分を変えたり、浄化したりする有効な手段になる。俳句や短歌の人口が驚くほど多いのも、その出来はともかくとして、気分に浸るという意味で一種の「カラオケ気分」に通じるものがあるからだろう。

歌いたくない人は文章で表現してもいい。気分を対象化してとらえ、形のあるものに変えて表現していくことで、最悪の気分やネガティブな思考から脱出することができる。

38

お風呂で体をニュートラルにして、気分を変える

体がゆるむと気分もゆるむ

気分というのは体の状態の一つの表れだ。体がだるいのに、気分が晴々として前向きである、ということはあまりない。体の調子が悪いと、気分も重くなる。反対に体の状態を変えると、気分が前向きになることはよくある。お酒を飲んでご機嫌になるのはその一例だ。

アルコールで体を酔わすと、気分もよくなる。ビール一杯でこんなにもご機嫌になるのかと、うらやましくなる人もいるくらいだ。

日本人は温泉が好きだが、あれも湯につかって体を休め、気分を前向きに整えようとする行為だ。ちょうど傷を負ったサルやシカが温泉につかるのと同じようなものだろう。

特に露天風呂は気持ちがいい。大自然の中で伸び伸びと湯につかって体を解放させると、心もゆったりとする。韓流スターが日本の露天風呂にわざわざお忍びでやって来るのもわかる気がする。

韓国には露天風呂があまりないらしいが、私たちは日帰りでも温泉につかることができるのだから、恵まれていると言える。

温泉の良さは、体に直接働きかけてゆるませるところにある。湯に入ることによって神経の高ぶりや疲労が解消される。

温泉に入ってどの程度いやされるかということだが、マイナスの気持ちがいきなりものすごくプラスになる、というほどのものではない。そこがいいのだ。

「さあ、やるぞ」ではなく「ま、いいか」でとどめる

気分の立て直し方としては、いきなりマイナスからプラスにもっていくと、その無理で反動がきてしまう。マイナスをゼロに戻す程度がちょうどいい。

つまりゼロの地点に戻して、前進もバックもできるニュートラルな状態にするのがいいだろう。「さあ、やるぞ！」ではなく「ま、いいか」ぐらいの気持ちに戻すので

ある。

ニュートラルとは、副交感神経が優位になっている状態だ。人間の気分を左右する自律神経には交感神経と副交感神経があって、交感神経が優位だと、興奮してピリピリする。いわゆるハイになっている状態である。

一方、副交感神経が優位になるとゆったりして落ちついた気分になる。落ち込んだ状態から脱するには、いきなりハイをめざすのではなく、副交感神経が優位になったりしたニュートラル状態をめざすのがいいだろう。

そこから少しずつハイにしていくのが、失敗しない落ち込みからの脱出法だ。

副交感神経を優位にして心を安定させるやり方が、自律訓練法というものだ。自分の右手に意識を集中して「重くなる」とか「温かくなる」と念じていると、本当にそんな感じがしてくる。それを右手、左手、右足、左足といった順番でやっているうちに、副交感神経が優位になって、心が穏やかになってくるのだ。

私は若いころ、いろいろな自律訓練法を試みたことがある。

その中でもっとも簡単だったのが、お風呂に入ることだった。お風呂に入ると、体が温まって、ゆるんでくる。すると副交感神経が優位になって、心身ともにゆったりした感覚になってくる。

一日の終わりを入浴でしめると、気分がリセットされる

そこで私は、昔から入浴を生活の中心に置くようにしている。ちょっとした本や雑誌もお風呂の中で読んでしまう。

最初に全部体を洗ってしまい、シャンプーもすませてしまってから、湯船につかって二〇分ほど本を読む時間にあてるのだ。すると心身がリラックスできて、体も精神もひじょうに調子がいい。

お風呂が自分のコンディションを整える重要な時間になっているので、夜、お風呂に入らないと何だか調子が出ないようになってしまった。

一日いろいろあったとしても、一日の終わりにお風呂に入って気持ちをニュートラルにすると、そこで気分がリセットされて、整ってくる。

その時、前進もバックもできるニュートラルな状態にするのが大事で、いきなり「さあ、明日もやるぞ!」というハイなレベルまで持っていくと疲れてしまう。気持ちよく眠るのにちょうどいい、穏やかな状態に持っていくのがいいのだ。

39

人生は直線ではなく、サイクルだと考える

とにかく気分が後ろ向きになった時は、自分の体に働きかけて、体からアプローチして気分を変えるやり方が効果的だ。女性はこのアプローチが上手だが、男性はせいぜい酒を飲むぐらいしか思いつかないのがさびしい限りだ。

そして酒を飲みすぎて、体をこわしてしまう。何事もやり過ぎるのは体にも心にもよくない。だから無理せず体からアプローチするには、それを習慣化し、入浴とかジョギングのように一日のサイクルの中に組み入れてしまえばいい。

私の場合は、お風呂に入る以外に、深夜のゆるい番組を見ながら本を読むというのも習慣化している。深夜番組を見ながら、だらだらとゆるい時間をすごしているうちに、気持ちが整って、ニュートラルに戻っていく。そんなふうに気分をリセットできるものを、一日のサイクルの中にルーチン化してしまうのだ。

人生は直線
遠くに行こうと
がんばれば折れる
回っているからがんばっても同じ。上手に回しながら前に進む

人生は直線ではなく、サイクル

その考え方の背景にあるのは、人生を線ではなく、サイクルでイメージするととらえ方だ。時間を直線で考えると、どこかでボキッと折れてしまう。そうではなくて、円環で考える。自分の人生も直線のはじからスタートして、直線のはじで終わるのではなく、グルグル回る円ととらえる。最初は赤ちゃんから始まって、最後も赤ちゃんで終わるというイメージである。そう考えると、何か極端な進歩や自己変革は必要ないことがわかる。なぜならどうせ円環して戻ってくるのだから、がんばって無理をしなくてもいい。円の回し方さえ上手にやっていれば、車輪が回っていくように円じたいが回りながら前に進む。無理は必要ない。

40

バッグを軽くすると、気持ちも軽くなる

大きなバッグで肩の荷を重くしない

落ち込みから脱して、前向き思考に転換するため、体にアプローチする方法はいろいろあるが、その方法をひと言で言うと、ゆるめ、軽めにするということだ。体を身軽にすると、気分も軽くなる。

たとえばバッグを軽くするのは意外に大事なことである。私は職業柄、本をたくさん持ち歩くことが多く、年々バッグが大きくなって困ったことがあった。最後には、「どこかに旅行に行くんですか?」というぐらい大きなバッグを持ち歩いていた。

そしてある時、はたと気がついた。こんなに大きくて重いバッグを抱えていては行き帰りだけで、すっかり疲れてしまうな、と。

本当にこんなに本が必要なのか。全部使っているのかと考えてみると、そうでもな

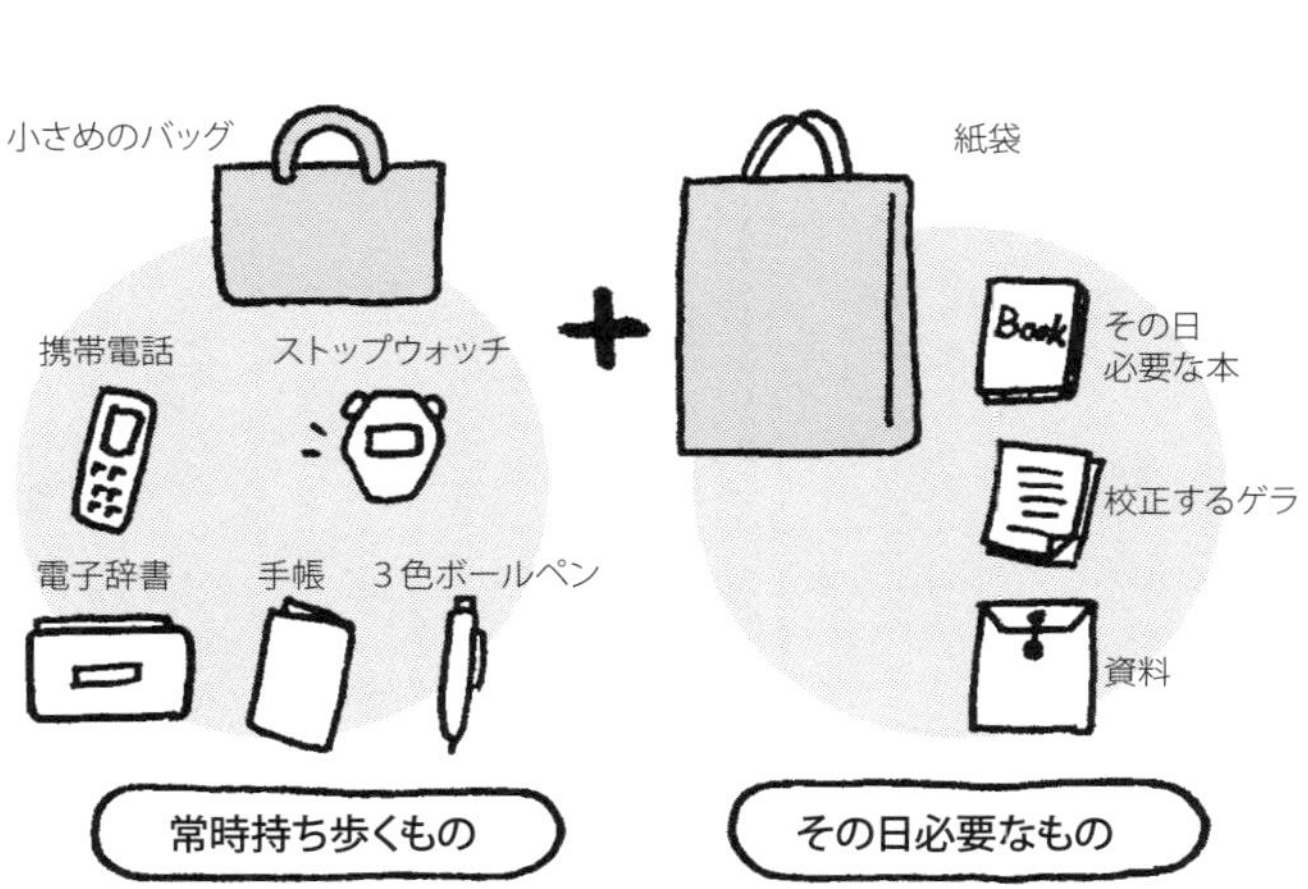
小さめのバッグ
携帯電話
ストップウォッチ
電子辞書
手帳
３色ボールペン
紙袋
Book
その日
必要な本
校正するゲラ
資料
常時持ち歩くもの
その日必要なもの

バッグを軽くすると、気持ちも軽くなる

い。そこでバッグに入れて一日に持ち運ぶ本の量を減らすことにした。

「あれも読むかもしれない。これも読むかもしれない」と思うのはもうやめて、「今日はこの本をこなせればよし」と覚悟をきめて、一〜二冊にしぼるようにした。

そしてバッグも大きいものを持つと、ついよけいなものを詰め込んでしまうので、思い切って小さめなものを買いなおしたのである。容量でいうと、前のバッグの五分の一くらいの大きさだ。

これだけ小さくなると、入れられるものもごく一部に限られてくる。そこで、必要最低限のものだけ入れ、万一ほかに必要になれば、紙袋を一つ加えて、小さいバッグと紙袋だけで移動することにした。

するとてきめんに肩の荷が軽くなって、移動が楽になった。それと同時に、気分的にも楽になった。というのも、以前はやらなければいけない仕事を全部バッグに詰めて持って歩いていたので、いつもできない仕事がずっしり肩にのしかかっていて、慢性的な重圧感につぶされそうだったからだ。

家族と旅行に行く時など、大量の仕事を持って行ったが、家族旅行の旅先で仕事などやる気にならない。

結局また大量の仕事を持ち帰るということをくり返していて、その精神的負担たるや、半端なものではなかった。そこでもうきっぱりあきらめようと心に決めた。

「これだけ」にしぼると、それに集中できる

とにかく持って歩くものは減らす。そしてバッグの中身をしぼっていく。「今日はこれをこなせればいい」というものだけにしぼれば、それに集中できるので、かえって効率がいい。

私が今バッグに入れて持ち歩いているのは、電子辞書とストップウォッチ、三色ボ

ールペンと手帳、携帯電話だ。あとはその日にこなさなければいけない仕事、たとえば読まなければいけない原稿や本などが加わる。

最近はバッグの中身を小分けする便利な袋グッズも売られている。必ず持ち歩くものは、その袋に入れて、バッグが変わっても、袋ごとポンと入れてしまえば、忘れ物をしなくてすむ。

あるいは、ふだん持ち歩くものと、その時だけ必要なものをバッグを分けて持つのもいいと思う。

最近では「口」だけ持っていれば何とかなる、と開き直れるようになってきた。「口」さえあれば、しゃべることができるから、どうにでもできる。「今日は忘れ物はないかな」と出がけに確認する時、「口は持った。よし！」というところまで開き直ってしまうと、忘れ物があっても動揺しない。

持ち物が少なくなって、バッグが軽くなると、本当に気持ちまで軽くなり、前向きになるから不思議だ。

41

人生は意外に簡単だ！

人の悩みを図化する練習をしよう

落ち込んでいる時は、ものごとを複雑にしすぎてグチャグチャ考えすぎているから、後ろ向きになるのだ。でも「よく考えてみると人生は意外に簡単だ」というのが私の生きる上での第一命題である。

人生はいかにシンプルか。そのことについて考えてみたい。

人生とは生きていくことが基本になる。生きていくためには、まず心身の健康が必要だ。次に経済的な健康を保つ。現代においては、この経済の健康も大切で、経済的な基盤が安定すれば、気持ちも安定する。

あとは欲望のコントロールだ。生きるための三大欲望は、食欲、睡眠欲、性欲だが、今の日本に生きていれば、食事もとれずに餓死するとか、一睡もさせてもらえないという過酷な状況はほとんどないから、食欲と睡眠欲の二つは基本的に満たされていると考えていい。

残りは性欲だけだが、これはいろいろな方法でコントロールできる。現代の生活はしじゅう性欲を満たさなくても、ほかの楽しみもたくさんあるので、バランスをとることはできるはずだ。

こうした基本が満たされているとすると、あとはほかにどんな欲望があるかという問題だけである。ゴチャゴチャ考えていると、複雑になってくるので、まず自分が何をしたいのか、紙に書いてみよう。「この欲を満たせばいいのだな」ということを紙に書き、それを満たすにはどうすればいいか図化していく癖をつけていくのだ。

一番いいのは、人のゴチャゴチャする話を聞いて、図にする練習をすることだ。最初はなかなか自分自身のことをクリアに分析できないので、もし周囲に話をきける適当な人がいたら、その人の話を図化することから始めるといい。

「何をクヨクヨしているのか言ってごらん」「これもやりたいけれど、あれもやりたい。そういうことでいいですね？」「じゃあどちらが優先順位が高いんですか？」「それをやるためには、こんなところで油を売っている場合じゃなくて、さっさと勉強しないといけませんね」「どんな勉強しているの？　一日何時間勉強しているの？」「そんなに短い勉強時間じゃ足りませんね。一日最低でも一〇時間は勉強しないといけないんじゃないかな」……

こんなふうに図化していくと、問題点がだんだん整理されて、道筋が明確になってくる。前向き思考の人の特徴の一つに、人のネガティブな相談に乗れるということがあるが、これも人の話を聞いて図化できることと無関係ではないだろう。

太宰治の人生ですらシンプルだ！

人のグチャグチャを図にする練習をしていると、人というのはいかに問題を拡散させ、焦点をぼかした結果、複雑にしてしまい、振り回されているかがわかる。

あたかも複雑な人生を生きているかのような錯覚を起こすのだが、図化してしまえば、あまりにシンプルだ。太宰治の人生ですら、本人はウネウネ言っているが、ものすごくシンプルである。

「グチャグチャ言っているようだけど、結局、あなたは不滅の文学的名声がほしいんですね」とか「酒を飲むお金がほしいんですね」とか「モテたいんですね」というこ

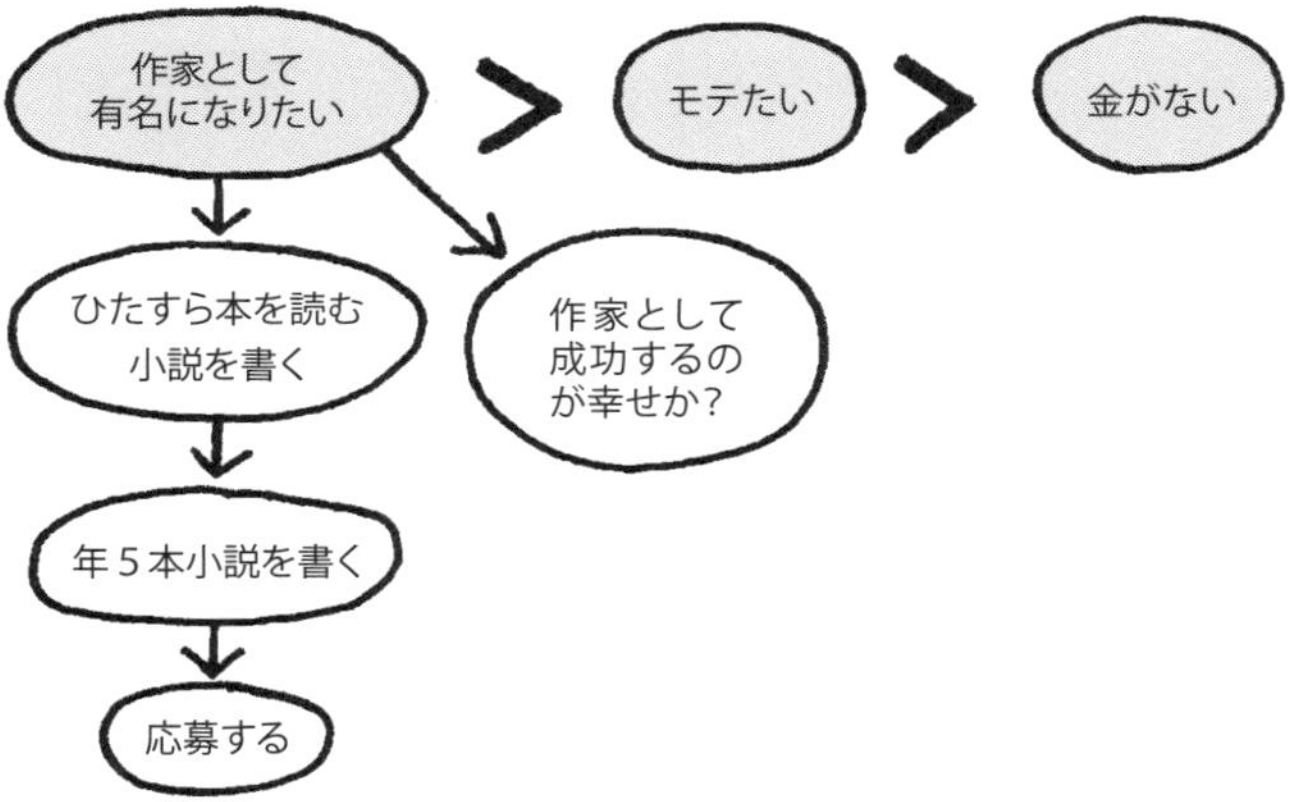
作家として
有名になりたい
モテたい
金がない
ひたすら本を読む
小説を書く
作家として
成功するの
が幸せか？
年５本小説を書く
応募する

欲望をシンプルに図化する作業

とになる。そして欲望がはっきりしたら、その欲望を実現するために状況を変えていくか、それとも自分を変えて欲望を減らしていくかのどちらかの選択しかない。

「やりがいもほしいし、お金もほしいから、医学部に入って医者になる。そのために一生懸命勉強する」という選択肢もあるし、「本当にお金をもうけることが、自分の幸せになるだろうか。お金、お金と自分を追い込んで人生を暗くしてしまうほど、お金は価値があるものなのか？」と問いなおして、自分の考え方を変える方法もある。

　そうやって図化していくと、実は欲望そのものが間違っていたと気づく人もいるだろう。何をすると満足するのか、欲望をシンプルに整理することによって、「ああ、これぐらいでよかったのか」と欲望が小さくなることもあるし、対象がより鮮明になって、「ここにエネルギーを集中すればいいんだな」と気づくこともある。

人の相談に乗ることでそうした図化作業に慣れていくと、自分自身の図化も的確にできるようになる。

いずれにしても、基本は紙を使うことが重要だ。話をするだけでは堂々めぐりになってしまう。必ず紙を使って書く練習をしよう。

42 「悪臭パック方式」で落ち込みから脱出する

「列挙力」を鍛えて理解を早める

適当な人がいなくて、人のゴチャゴチャを図化する練習が難しいという人は、自分の中の不安要素や欲望を片っぱしから列挙していく方法をおすすめする。

大切なのは「列挙力」なので、いきなり図化に入らず、はじめはこの「列挙力」をつけることからスタートしてもいいだろう。この「列挙力」はあらゆる機会に鍛えられる。映画を見たら、面白かったポイントを一〇個列挙するとか、ある話を聞いたら「自分にも同じ経験がある」というテーマをもうけて一〇個あげていく、といった具合だ。

難しい本を読む時、「列挙力」を使うと、概念やキーワードが理解しやすくなる。たとえばフランス人社会学者のピエール・ブルデューの学説の中に、「ハビトゥス」

という概念が出てくる。「社会的に獲得された性向の総体」というような意味だが、具体的にイメージしにくい。

そんな時、レストランのフロアで注文をとっているウェイターを観察し、行動を列挙してみると、その人たちにも差があることがわかる。試しに優秀な人が持っている習慣を列挙してみよう。「厨房との連絡がいい」とか「目配りがきいている」とか「常連客を覚えている」など、一〇個ぐらい列挙できる。

すると「ハビトゥス（＝習慣）とはこういうものをいうのだ」ということが理解できるようになる。具体的に列挙することで理解力が深まったのだ。

これを自分自身の不安要素や欲望、悩みなどに適用して、全部列挙してみる。次に書き出したものをながめて、優先順位を決めよう。そして、もっとも優先順位の高いものから順に、何をしなければいけないか戦略を立ててみる。

列挙する→優先順位を決める→戦略を立てる

の順番だ。人間は戦略があると、冷静になれる。だがなんの戦略もないまま、ウネウネしている状態だと、気分の波にのまれて抜け出せなくなる。

ちょうど悪臭が漂っている部屋にいるようなものだ。異常に臭いけれど、何が原因

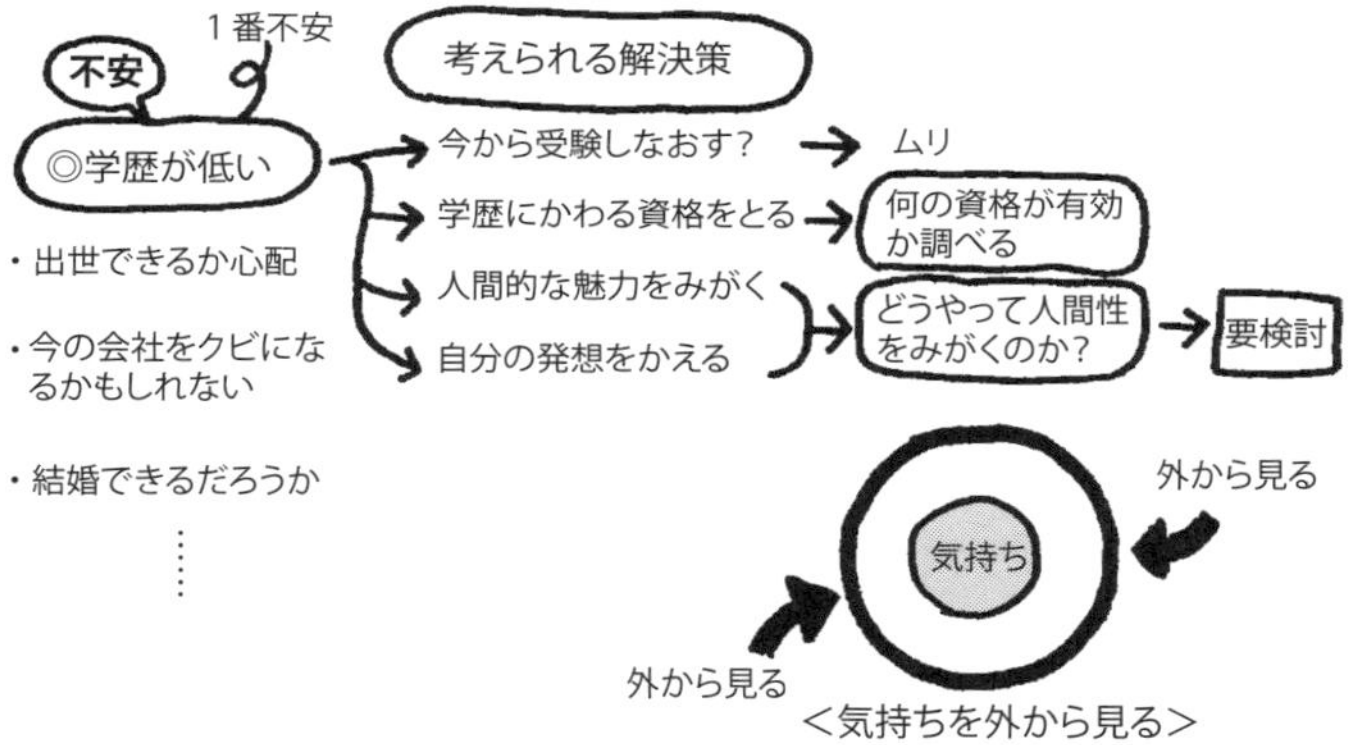
不安
1番不安
◎学歴が低い
・出世できるか心配
・今の会社をクビになるかもしれない
・結婚できるだろうか
……
考えられる解決策
今から受験しなおす？
ムリ
学歴にかわる資格をとる
何の資格が有効か調べる
人間的な魅力をみがく
自分の発想をかえる
どうやって人間性をみがくのか？
要検討
気持ち
外から見る
外から見る
＜気持ちを外から見る＞

不安の要素を片っぱしから列挙していく

かわからない。その中で我慢していても何の解決にもならない。だが悪臭の元を探し出して、それをパックづめにしてしまうと、悪臭はなくなって快適になる。

優先順位の高いものからパック（処理）していく

人の気分を暗くしているものが悪臭だとすると、「これがダメだから、こうなる」という悪臭の大元が必ずあるはずである。自分自身を暗くしている要素を列挙していって、たとえばそれが「学歴コンプレックス」らしいとつきとめたとする。その時点で、自分自身は悪臭の外に立っているので、気分に飲み込まれることはなくなる。あとは処理(パック)するだけだから、格段に解決に近づく。

「学歴コンプレックス」をパックして解決するにはどうしたらいいのかというと、やり方は二つあって、一つはコンプレックスがなくなるように、勉強して学校に入るという形で現実を変える。もう一つは自分の考え方を変えて、コンプレックスをコントロールすることである。そのどちらかだというように、パックの仕方がわかって具体的な行動に移れば、悪臭の元は断ち切れる。

それらを図に描いてみよう。まずは片っぱしから列挙したものを並べていき、不等号で優先順位をつけてみる。すべて列挙しつくしてしまうと、気持ちがスッキリする。出し切るというのが大事で、前向きになるには重くなっているものを全部排泄しなければならない。

そして優先順位の高いものから、順に考えられる戦略を書いていくのだ。

悪臭にどっぷりつかったまま、悪臭の元がわからず放心状態でいる自分を、まず「列挙力」で整理し、パックすべき悪臭を次々と探し出す。

これだけでも、不安感や後ろ向きの気分はかなり解消されるはずだ。

43 生きているだけで丸もうけ

今の日本に生きているだけで幸せ

私は先日トム・ロブ・スミスが書いたミステリー小説『チャイルド44』（新潮文庫〈上〉〈下〉二〇〇八年）という本を読んだのだが、これを読むと、ひじょうに前向きな気持ちになった。

内容は子どもの連続殺人を追いかける男の話で、時代背景はどうしようもなく暗い。明るい内容で鼓舞されるのではなく、あまりに暗すぎるために、結果的に前向きになる本だ。

舞台はスターリン時代のソビエトである。人を密告して自分が生き残る恐怖社会で、夜中に突然家の扉がドンドン叩かれて、連行され、拷問されてシベリアに送られる。そんなエピソードが全編にあふれかえっている。

私はこの本をじっくり二週間かけて、味わいながら読んでみた。そして自分が今の日本に生まれて本当によかったとしみじみ思った。

『チャイルド44』に書かれている内容は多少誇張されているとはいえ、歴史的にそのような粛清が起きていたのは事実だから、ゾッとする。

私のようなおしゃべりは、この時代のソビエトに生まれていたら、いっぺんでボロを出して、シベリアに送られ、処刑されていたに違いない。

二〇世紀の同じような時代に生まれていたにもかかわらず、私はなんとのんきに子ども時代をすごさせてもらったのだろう。

今の日本に生まれただけで、もう完全に丸もうけだ。幸せだったと思わなければならない。

暗い本を読んで暗くなるのは読み方が間違っている

『チャイルド44』を読んで、気分が暗くなるという人は、読み方が間違っている。暗いものを読めば読むほど、「自分はなんてラッキーなんだ」と思わなければならない。

誰からも追い立てられないし、逃亡しなくてもいい。

日本の自由さや素晴らしさには感謝したほうがいい。たまに外国に行って日本に帰ってくると、空港のトイレが何と清潔なのだ、と感動することがある。便座まで温かくて、お湯が出てお尻が洗えて、まるで奇跡だ。

そういう思いを大切にすべきである。落ち込んでいる人に、私は『チャイルド44』をすすめたい。それも一気に読み進めてはいけない。

あの空気感にどっぷりつかるために、二週間くらいかけて、じっくり読んだほうがいい。

そして暗いスターリン時代のソビエトに入り込んでしまう。そこが悲惨であればあるほど、本を閉じてふと我に返った時、自分の周囲を見回し、「夜中に秘密警察に突然連行されないなんて、なんて幸福なんだ」と感動できる。

ユーモア小説を読んだり、お笑い番組を見たりして笑うのもいいが、一時的な笑いはそのあとに空しさが押し寄せることがある。

むしろ、思い切り暗いものを読んだり見たりして、「あれよりマシだ」と思うほうが、今の自分の幸せを実感でき、前向きになれることもあるのだ。

44

人生をはかなむのは、お腹がすいた時に決まっている

体と感情をつなぐネガティブな回路を切れ！

体調が悪いと、仕事や勉強をする気にならないだけでなく、すべてがいやになってくる。周りの人と関わりたくないし、会社に行くのもいや。そのうち自分自身さえいやになってしまう。

よく考えると、自分の体調と「あの人が嫌い」という他者評価や、「自分はダメな人間だ」という自己評価はまったく別次元にあることだ。だが同じ体で起こっているので、つい連動してしまう。そして体調が回復すると、「そこまであの人を嫌わなくてもいいか」という気持ちになって、自尊心も戻ってくる。

だから大切なことは、体と感情や意志をつなぐネガティブな回路を切れ、ということになる。ひどく後ろ向きになったり、落ち込んだりした時、「これは単純に体の具

合が悪いのではないか」と考えてみるのだ。

私は二〇歳の時、そのことについて悟った。青春時代のある時期、私は人生をものすごくはかなんだことがあったのだが、客観的に自分を観察してみると、人生を空しいと感じる時間帯がほぼ決まっていた。

それは決まってお腹がすいている時だった。「なるほどね」と思った。だから何となく人生に後ろ向きな気分になってくると、とりあえず生協に行って、メシを食った。たらふく食べたあとは、人生に対してあまり空しいとは思えなくなった。

きちんと食べて生命体としての自分を維持する

古代ギリシャの詩人ホメロスの『オデュッセイア』を読むと、誰かが死んだあと、残された人たちが宴会のように食べたり飲んだりする場面が出てくる。死を悼んでいないのではなく、悲しくてもお腹はすくから食べるのである。そういう意味での健全性があったわけだ。

つまり生命体として、食べて自分の体を維持するのは本能であって、どんなに悲しいことがあっても、生命体は食べる。そのように食を安定させて体を維持すると、心も安定する。生命が維持してきた循環が、やる気の根源である。

考えてみれば私たち生命は、何としても食べ物がほしいと思い、必死になって生きてきて、そのはてに今の私たちがいるわけだ。「今日は食べ物が食べられてよかった」という状態で生きてきたので、その基礎の部分がくずれてしまうと、精神のバランスまでくずれてしまう。経済の用語で「ファンダメンタルズ」というものがある。経済を支える基礎のことだ。前述したように、人間でいうとファンダメンタルズにあたるのが体だ。その基礎をくずしてはいけない。

だから精神的に落ち込んだから食べる気がしない、という回路を断ち切って、意識して食べる必要があると思う。

「今は心の調子が悪いので、食べる気がしない」というのはまずい状態だと意識して、これとそれとは別なのだと自分の中で認識し、機械的にでも食事をして生命を維持する訓練が必要なのだ。

きちんと食べて生命のファンダメンタルズを維持してこそ、はじめて何かに取り組もうという意欲や人に対するポジティブな感情、自分を大切に思う自尊心なども生まれてくる。

45

「一日一汗」運動で、フワッと上がる上昇気流をつかむ

筋トレをやると内側から力がみなぎる

自分が落ち込んでいたり、気分が乗らなかったりする時、肉体が疲れる運動をすると、深い睡眠がとれて、元気になることがある。

私自身に関していうと、スポーツジムに行って、筋肉トレーニングをすると、ストレートに「やる気」に直結する。

筋トレをやったあとの気持ちの張りは、自分自身の充実感として体の中に残り、「やる気」というものの原型を自分に示してくれる感じがするからだ。

何か体の内側から力がみなぎって、「やる気というのは、こういうことなのかな」ということを思い出させてくれる。

だから私はつとめてジムに行って、汗をかくようにしている。「一日一汗」ではな

いが、一日に一回はしっかり汗をかく機会が持てると、心身の調子がいい。

「一日一汗」の効用は、じわじわと力がついていく点にある。今日は六〇キロのバーベルを一〇回持ち上げたとする。次の日は確実に六一キロが持ち上げられるようになっている。その向上感がいい。

人間の体はそのようにある状態を高めでキープしていくと、自然に次の段階に上がるようにできている。これを焦って、ひとっとびに上の段階に行こうとすると、つまずいて転げ落ちてしまう。

今まで六〇キロをあげていたのに、いきなり七〇キロ、八〇キロに行こうとするような場合だ。

私はせっかちなタイプなので、数値をあげたくてすぐ焦って失敗する。せっかく六〇キロまでいったのに、急に七〇キロに挑戦して筋肉痛が激しくなり、五五キロからやり直さなければならなくなる。

ある時、ジムのトレーナーから「そのやり方はよくない」と忠告された。もっと軽いもので、ゆっくり深くジワ〜ッと進んでいく感じでやったほうが、筋肉にはいいそうだ。

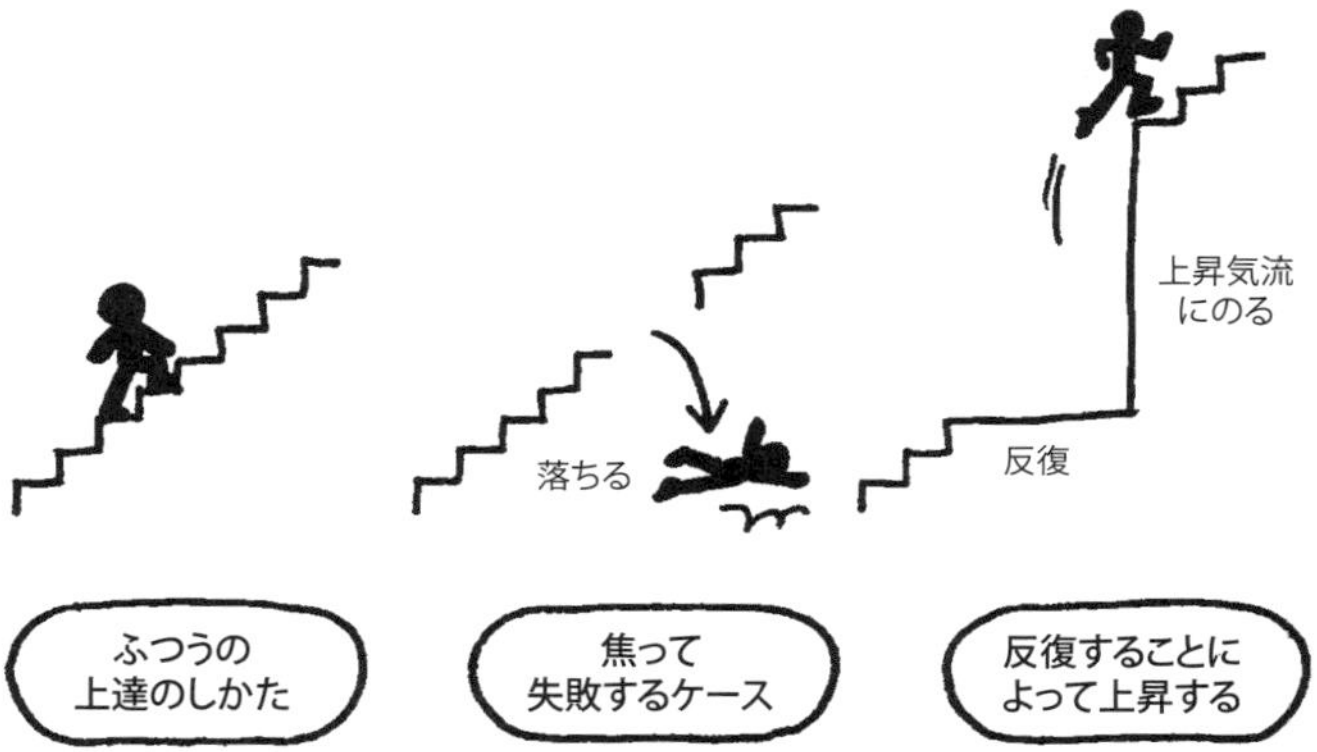
上昇気流
にのる
落ちる
反復
ふつうの
上達のしかた
焦って
失敗するケース
反復することに
よって上昇する
上達する上昇気流にのる

ゆるやかな反復が上達のイメージ

そこで焦らず六〇キロを続けてみた。すると、体の調子がよくなった。さらに六〇キロを続けていると、フワッと苦もなく六二キロが持ち上げられるようになったのである。

毎日六〇キロを続けていて、もう一生六〇キロでいいと思っていたのに「試しに六二キロをやってみますか？」と言われて、やってみると、苦もなくできてしまった。イメージでいうと、階段を一つ一つ上がるのではなく、フワッと水位が上がるというか、上昇気流に乗った感じだ。

いきなり重いものに挑戦して転げ落ちる

のは、階段がないところを飛躍して落ちるからだ。しかし同じ六〇キロを基本水位として続けていると、フッと水位が上がる。

それを技化というのかもしれない。とにかく上達の階段を一歩一歩上がるのではなく、ある地点でフワッと上に舞い上がるのである。

そのゆるやかな反復に耐えられない人はあきらめてしまう。上昇するまであきらめないことだ。

だから後ろ向きになってしまう人は、「一日一汗」の感覚で、一つの運動を黙々と続けてみるといい。腹筋でも、ジョギングでも、スクワットでもいいと思う。

筋肉が張る感覚が「やる気」を引き出してくれる。それと同時に、一つの運動をくり返すことによって、ある時フワッと上の段階に向上していく瞬間がおとずれる。

それを経験し、その感覚を身につけておけば、焦りがなくなり、気づけば、次へ進もうという前向きな気持ちになっているはずだ。

46 あえて自分にセンスがないことをやってみる

苦手なものができるようになると、前向きになる

後ろ向き思考から脱出する方法として、あえて自分にセンスがないことに挑戦してみるのもいい。ふつう、苦手なものに挑戦するのは逆効果だと思うのだが、逆転の発想で意外にこれが効果がある。

私の息子はチェロを演奏するので、家にチェロが置いてある。すると、訪ねてくる人がみな私に「チェロをおやりになるんですか？」と聞くので、もう面倒くさくなって、自分でもチェロを弾いてみることにした。

ところが私には音楽のセンスがまったくない。最初は『こぎつねこんこん』から始めたが、泣きたくなるほど上達しない。ちょっと弾くだけで異常に疲れて、ドテッと倒れてしまう。『こぎつねこんこん』でこんなに疲れてどうする、と我ながら情けなくなる。しかし一〇分くらい休んで、それからまた始めると、今度は前ほどにはストレスがない。そんなふうに、少しずつストレスが減ってきて、チェロが上達するとまではいかないが、いちおう技術が積み上がっていった。

そしてくり返していけば、さきほどの「一日一汗」ではないが、反復の法則で、フッと上達する地点が訪れる。その時の感動ときたら！　たかが『こぎつねこんこん』で、こんなにも前向きになれるのか！

だから自分にとって苦手なものやセンスのないものをやってみるのは、前向きになる一つのきっかけになる。苦手だと思っていた分野ができるようになるほうが、得意分野を極めていくより、自信は大きい。

日本人が不得手な英語に挑戦してみる

勉強はさまざまな分野が網羅されているが、それは苦手なものやセンスがないものを克服するプロセスに、その後の人生を生きていく力が獲得できるからだ。苦手なものを得意にすることこそが、前向きな気持ちをつくってくれるのだ。

センスのないものに挑戦するのはどんなものでもいいが、日本人の多くが苦手とする英語に挑戦してみるのもいいだろう。といっても、ただ漫然と「いつか仕事に役に立つかもしれない」という中途半端な気持ちでやるのは、かえって無駄になりやすい。

三カ月間だけ英語の学校に通って、やめてしまった人を私はたくさん知っている。その空しさを考えると、ばくぜんと英語学校に通ったり、英語の教材を始めたりするのはやめたほうがいい。

この場合のポイントは、センスがないものにあえて挑戦して前向きな気持ちになることだから、英語の中でも特に聞き取りが苦手だとすると、その苦手に集中して反復してみるといいと思う。たとえば高速で脳を回転させるこんな方法がおすすめだ。英語の教材には小説を一冊丸ごとCDに吹き込んであるようなものがある。あらかじめ、その本を日本語で読んでおいて、それからテキストで英語をパラ見しておく。

そして今日聞く分の章だけCDを聞いてみると、最初は何を言っているかわからないが、そのうちテキストを見なくてもその部分は聞き取れるような気がしてくる。

『オリエント急行殺人事件』の全音読CDは、スピードが速くておすすめだ。

本当はスピードがコントロールできるようなCDプレイヤーがあるといいのだが、もしそういうことが可能であれば、最初はゆっくりした速度で聞いて、どんどん速度をあげていって、最後はものすごく高速回転で聞く。
すると面白いように聞き取りの力があがってくる。こうなると、もう聞き取りが楽しくてたまらない。苦手な英語の聞き取りが克服できたのだから、自信もつく。

超高速音読の効用とは

私は大学で英語の先生になる学生のための授業もしているが、ここでも高速で脳を回転させる方法をつかっている。学生たちにおそろしいほどの超高速の聞き取りと音読を要求しているのだ。音読の場合、全員が立ち、私がストップウォッチをもって、「よーい、ドン」でいっせいに読み始める。

そして一ページ読みおわると、どんどん座っていって自分の速度を記録していく。そして最高速度の人にみんなの前で速音読をしてもらうと、ほかの学生も「やればこれくらい速く読めるのだ」という前向きな気持ちになる。次に自分が一番苦手なところだけを何度も超高速で読む練習をさせる。すると必ず次の回では全体に読む速度が速くなっている。それをくり返しやっていると、速度がどんどん速くなって、モチベーションがアップするので、ポジティブに勉強に取り組む気持ちになれるのだ。

47 前向き思考になるのは全身に振動が伝わる体

呼吸を吐き出して空っぽの体になる

体の状態と感情や思考とは密接な関連がある。そして体の視点に立って後ろ向きな思考について考えてみると、たしかに後ろ向きにおちいりやすい体の日常的な状態がある。その体の状態を変えることで、ネガティブな思考から抜け出すことができる。

ネガティブ思考の人の体の特徴は、硬くなって動かないことだ。

自分が何かを思いつめていたり、緊張していたりして、ネガティブな状態にある時を思い出してほしい。体はカチンカチンになって、硬く固まっていないだろうか。

演出家であり、身体のあり方について研究していた竹内敏晴さんによると「からだは本来空っぽだ」という。いろいろなものを吐き出して、スッキリと空っぽの状態になるのが本来のあり方であって、そういう体であれば、柔軟に動きやすい。

野口晴哉さんが提唱した野口整体でも、体を空っぽにする動きをよく行っている。みぞおちの部分に両手の指先を置き、「ハァーッ」と息を吐き出しながら、みぞおちに手を押し込んでいくのだ。

これを三回くらいくり返すと、みぞおちにつまっていた邪気とまでは言わないが、ネガティブな感情が吐き出されて、体がスッキリと空っぽの状態になる。

野口整体では活元運動といって、自分の体本来の自然な動きを引き出すことをやっている。人間の体は寝ている時寝返りをうつように、自然な動きがあるのだが、ネガティブなストレスや心配事、不安が多いと、その動きが出てこなくなって、寝ている時ですら、鉄板のように体が固くなっている。そこで、本来の柔らかい自然な動きができるよう、さきほどのようにみぞおちに手を押し込んで息を吐いたり、さまざまな運動をしたりして、自分の体をセッティングしなおすのである。

特にみぞおち部分は固くなると、呼吸が浅くなってきて、焦ったり、不安になったりする。どうしても気持ちがネガティブなほうに傾いてしまうので、ゆったりと深い呼吸をして、みぞおちをゆるめる必要がある。

みぞおちを手でつまんで、中の内臓をつかむような運動をするのも、ゆるめるには

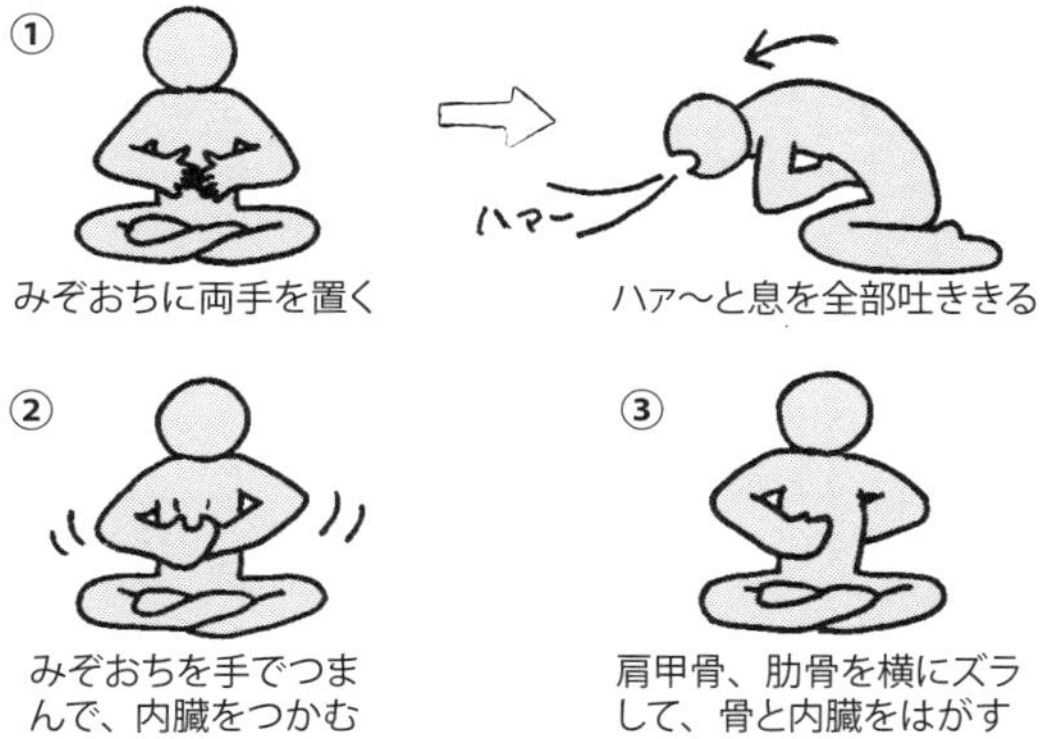
①
みぞおちに両手を置く
ハァー
ハァ〜と息を全部吐ききる
②
みぞおちを手でつまんで、内臓をつかむ
③
肩甲骨、肋骨を横にズラして、骨と内臓をはがす

やわらかい体を作る方法

効果的だ。あるいは肩甲骨や肋骨を横にスライドするように動かして、内臓と肋骨をひきはがすようなイメージでやってみると、みぞおちあたりがやわらかくなる。

みぞおちがゆるんでいるかどうかを判断するには、呼吸をする時、どこが動いているのか自分でチェックするといい。お腹まで自然に動いている時は、ゆったりと落ちついて呼吸ができている。だが、ほとんどお腹が動いていないとなると、どこかで呼吸の動きがせきとめられている証拠だ。

体が硬くなっていて、気持ちもセカセカと焦ったり、ネガティブ傾向にあったりするはずだ。

ジャンプをすると前向きになれる

前向き思考になるには、全身に振動が伝わる体が理想的だ。だから長時間同じ姿勢でいたり、緊張してストレスがかかったりして、体が硬くなった時は軽くジャンプしたり、その場で少し体をゆすったりする。わずらわしさを振り落とす感じだ。

子どもはひたすら前向きで活動的な存在だが、彼らを見ているとしょっちゅうジャンプしていることがわかる。何かというとピョンピョン飛び跳ねたり、体をゆすったりする。子どものこの跳ねる運動性は、ゆるんで振動させる運動と同じだ。子どもはジャンプする体を持っているから前向きに生きられるとも言えるし、前向き思考だからジャンプしたくなるとも言える。私たち大人でも、ものすごくうれしいとジャンプする。まさに跳ねて振動する体は、前向き思考と表裏一体である。

あるいは、赤ちゃんの体を思い出してほしい。赤ちゃんの足首を持ってちょっとゆらすと、手の先や頭までプルプルとゆれる。赤ちゃんは生きることにどこまでもポジティブだから、前向き思考になるには、赤ちゃんのように全身に振動が伝わる体になるのが理想だ。ニーチェも「人間は赤ん坊の状態が一番いい」と言っている。

気分が落ち込んだなと感じた時は、子どものように少しジャンプしてみるといい。

体を振動させることが目的だから、それほど高く跳ぶ必要はない。

ほんの二、三センチくらいのつもりで軽く上下動する。着地する時、足首の振動が膝、腰、肩甲骨までゆれるようにする。特に肩甲骨のゆれが重要だ。イメージとしては骸骨がジャンプして着地すると、ガシャガシャと上下にゆれると思うが、あんな感じでおもに縦の振動でゆれるようにする。

子どものころを思い出してジャンプすれば、自然に前向きな気持ちになってくる。

余談になるが、私はプルプルと振動する器具を買って、疲れた時や寝る前にそれに足首をのせてゆするようにしている。足首の振動がどこまで伝わるかで、自分の体の硬さがチェックできるので便利だ。体が固まっている時は、足首の振動が股関節あたりで止まってしまう。だが、しばらくやっていると、振動が肩甲骨や首、頭のてっぺんまで伝わるようになる。とくに頭が興奮して寝つけない時など、器具のゆれに身をまかせていると、体や呼吸がゆるんできて、リラックスした気分になる。翌朝、スッキリ目覚めて、今日も一日がんばろうと前向きな気持ちになるのである。

48

「子どもシステム」を導入して、小学生の体に戻していく

ヨコミネ式四原則で子どもはどんどん向上する

子ども時代は誰もが疑いもなく前向きだった。あのころの自分に戻れば、後ろ向きの気持ちも転換できる。

ではどうやったら戻せるのかだが、そのためには、そもそも子どもは大人とどんな違いがあるのか知っておいたほうがいい。

プロゴルファーの横峯さくらさんのおじさんが経営している幼稚園には、ヨコミネ方式という独特の教育のやり方がある。この方法で、子どもたちは運動でも学力でも、どんどん向上していくそうだ。ヨコミネ方式とは何かというと、子どもの四つの性質を活かした教育法だ。その四原則とは、

①「競争したがる」

②「真似をしたがる」
③「少し難しいことをしたがる」
④「認められたがる」

だ。この四原則をうまくつかうと、子どもは高い跳び箱でも、どんどん跳べるようになるという。たしかに子どもを見ていると、この四原則のかたまりだという気がする。たとえば子どもは何かというとすぐ真似したがる。

「やらせて、やらせて」と言ってきて、誰かができると「私のほうができるもん」と競争心を燃やす。そして「見て、見て」と認められようとして、できるようになると「もうちょっと難しいのはないの?」と聞いてくる。

この四原則の自然な循環が、子どもが伸びる「子どもシステム」だと思う。そしてこの四原則を上手に組み合わせると、どんなことにも前向きに取り組むようになる。

たとえば「競争したがる」と「認められたがる」を組み合わせたのが、シール方式だ。ある小学校で、先生がこのシール方式をつかって、子どもたちに本を読ませた。

「一冊読んだらシールを一枚貼ってあげる。一〇冊読んだらキラキラシール。一〇〇冊読んだらものすごく大きなキラキラシール」という決まりにしたら、そのシール欲しさに、子どもたちが競って本を読んだそうだ。

「シールだけでこんなに盛り上がるんですね」とその先生もびっくりしていた。

そういえば、小学校一年生の時、教科書の絵の中で「見える」ものを五つ挙げると、先生がバッジをくれた。そのバッジが欲しくて、夢中で見えるものを探した記憶が、今でもはっきり残っている。

ゲーム的要素を導入して、盛り上げる

だが大人になるにしたがって、この子ども四原則が衰えていってしまう。

まず第一に大人は真似をしたがらない。真似をするのが面倒くさくなって、だんだん傍観者的な態度になっていく。

これは体が硬くなって、動かなくなるからだ。

真似をするとは、相手の体の中に自分の体を入れ込んでいくことである。相手がしていることに、自分の体も同調して動きだしてしまう。つまり体が柔らかくなければ、真似ができない。大人は体が硬くなるので、まず真似をしなくなる。

これでは前向きな子どもの状態に戻れない。ここで大事なのは四原則が循環する

48 「子どもシステム」を導入して、小学生の体に戻していく

「子どもシステム」を大人になった自分にも適用することだ。そのためには、まず基本は真似ができるやわらかい体をつくることだ。

フットワークをよくするというか、先ほどのジャンプや活元運動でもいいので、動きやすい体をつくっておく。

そのうえで、ふだんの生活に「子どもシステム」を取り入れたり、子ども時代の気分を呼び起こしたりしてみる。たとえば、テレビで中学の入試問題にチャレンジするクイズをやっているが、自分も一緒にやってみて、小学生気分に戻るのもいいだろう。また仕事の場で、ルーチンのゆううつな仕事をしなければいけない時なら、同僚と缶コーヒーをかけたり、昼ごはんをかけたりして、ゲーム感覚で仕事の効率化を競えば、いやな仕事も楽しくできる。

子どもが夢中でがんばるゲーム的要素を、大人の世界にもとりいれて、一瞬、小学生の自分に戻すと、あのころの前向きな感覚がよみがえってくる。

齋藤孝（さいとう・たかし）
1960年静岡県生まれ。明治大学文学部教授。専攻は教育学、身体論、コミュニケーション技法。『声に出して読みたい日本語』（草思社）が話題を呼ぶ。『質問力』『段取り力』『コメント力』『恋愛力』『齋藤孝の速読塾』（ちくま文庫）、『齋藤孝の企画塾』『仕事力』『やる気も成績も必ず上がる家庭勉強法』（筑摩書房）、『日本を教育した人々』『代表的日本人』『現代語訳 学問のすすめ』（ちくま新書）、『話し上手　聞き上手』『読み上手　書き上手』『若いうちに読みたい太宰治』『はじめての坂本龍馬』（ちくまプリマー新書）、『大事なことは3つにまとめなさい！』（ビジネス社）等、著書多数。子どもの塾「齋藤メソッド」の詳細については、http://www.kisc.meiji.ac.jp/~saito/参照。

脱力系《だつりよくけい》！　前向《まえむ》き思考法《しこうほう》

2010年7月10日　第1刷発行

著者———齋藤　孝

発行者——菊池明郎

発行所———株式会社筑摩書房
東京都台東区蔵前2-5-3　郵便番号111-8755　振替00160-8-4123

印刷———中央精版印刷

製本———中央精版印刷

ISBN978-4-480-87823-6 C0095
乱丁・落丁本の場合は、お手数ですが下記にご送付ください。送料小社負担にてお取り替えいたします。
ご注文・お問い合わせも下記へお願いします。
〒331-8507　さいたま市北区櫛引町2-604　筑摩書房サービスセンター　電話048-651-0053